情熱

燃えるレッドの学級づくり

全力で子どもを伸ばす！クラス担任術

土作　彰 著

明治図書

はじめに　成功は「情熱」から

盟友の中村健一氏が「策略のブラック本」、俵原正仁氏が「博愛のホワイト本」を発刊し、それらに続いて今回発刊されるこのレッド本のコンセプトは「情熱」です。

私たちは教師であり、自分の指導を待っている子どもたち、そしてその後ろにいる保護者のために全力を尽くさねばならない状況にあります。そして、それで血税から給料をいただいているのです。泣き言は言っていられません。それが大人というものです。

どんな職業も同じです。楽してお金を稼いでいる人など一人もいないでしょう。時に逃避したいと思う気持ちを抑制して頑張っているのではないでしょうか。

一見「苦痛」と思える仕事にあれこれ工夫を加えて立ち向かい、今ある状況を楽しんでいく……。その姿勢を「情熱」的というのだと私は思います。その意味で、私は「情熱」ある教師だと思います。

情熱ある教師は、まず「そもそも教えるとはどういうことか」という根源的な問いに自分なりの答えをもち、今ある極めて具体的な状況を分析、対応していくことでしょう。

その方法は教師の数だけあってよい。でも、できれば効果的で的を射た考えを知っていた方がいいと思います。
言うまでもなくこの職業は情熱だけでは回せないかもしれません。策略も博愛も必要でしょう。でも、それでもやはり情熱なしには成り立たない、そう思います。

教師にとって、情熱は必要です。

本書は「情熱」をもって教職に敢然と立ち向かおうとする方のために編纂したものです。「ようし！　明日からいっちょやったろうか！」そんな思いをもっていただければこんな幸せはありません。

土作　彰

情熱 Red

もくじ

第2章　絶対成功の「情熱」クラスづくり

情熱 Red

第3章 子ども熱中！「情熱」授業づくり

第1章

燃える教師の「情熱」仕事術

理想と現実にギャップがあれども諦めず立ち向かえ

私の好きな歌手に尾崎豊さんがいます。彼の歌の中に『Ｂｏｗ！』（作詞・作曲：尾崎豊）があります。内容は、「若さを唯一の頼りに社会へ飛び込むものの、社会にある理不尽に少しずつ慣らされていってしまう」というものです。

教師の世界も全く同じです。ほとんどの先生方が若い頃は理想を持ち「子どもたちと日々充実した時間を過ごしたい！」と思って難関の採用試験を突破して晴れて教壇に立ったはずです。でも、やがて理想と現実のあまりのギャップに愕然としてしまうのです。

素直だとばっかり思っていた子どもたちは、みんながそういうわけではありません。中には生意気で自分勝手で反抗的な子どももいます。時には結託して教師に立ち向かってきます。

親も一旦「この教師は敵だ！」と感じると微に入り細にわたってクレームをつけてきます。中には怒鳴り込んでくる人もいます。夜遅くまでの対応に追われ心身共にクタクタになってしまいます。

このような「うまくいかない状況」を繰り返していると、やがて上司も何かと自分のやることに難癖をつけては叱りつけてきます。「足並みを揃えないばっかりに面倒ばかり起こす困ったヤツだ！」というわけです。

一度や二度ならそんなに苦にもならないのでしょうが、こういうストレスが何回も繰り返されると、やがて「理想なんてどうでもいいや。何とか1日を無難に過ごせればいい。そうだ！『学校は託児所』と割り切ってしまおう。そうして次のクラス替えまで何とか凌いでいければ、またリセットできる」という思考になってしまいます。教師だって人間です。我が身が可愛い。自己防衛で自分を守ろうとするのは致し方ないことでしょう。

全国の多くの教師がこのような状況の中にいます。目標は「無難に1年を乗り切る」という点で共通しています。いつの間にかこれが教育現場での「共通目標」となり、「正義」となり「常識」となってしまっています。

そんな中で、いわゆる「情熱」を持って真剣に教育活動に立ち向かおうとすると、多くの障壁にぶつかることになります。「情熱」を持てない教師が圧倒的多数を占める学校現場において、そこを支配する「正義」は「子どもを伸ばす」ことではなく「足並みを揃える」ことだからです。いくら「情熱」を持ったところで評価に直結しない組織で必然的に起こるのは「社会的手抜き」です（『人はなぜ集団になると怠けるのか 「社会的手抜き」の心理学』釘原直樹 中央公論新社）。

つまり学校現場では「手抜き」をすることが暗黙の了解＝「正義」になっており、「情熱」を持って一生懸命やろうとする教師を排斥しようとする圧力がかかることになるのです。

何故か？

それは「情熱」ある教師だけが突出すると、「手抜き」教師への保護者からの評価が下がることになるからです。学校現場では「無難に日々を過ごし、決められた給料だけもらって生活していればいい」（＝「正義」）わけですから、「情熱」ある教師は自分の存在を揺るがしかねない邪魔者でしかありません。時に管理職さえも結託して「子どもを伸ばす」教師を潰しにかかってきます。このような「理不尽な力学（集団心理）」が働くのが学校現場だ」という認識が必要です。

さあ、どうですか？　「情熱」なんて持つのはもうやめにしませんか？　それより多勢に流されたほうが心理的には楽です。「情熱」なんて持ったところで何のいいこともないのですから……。


しかし、実はそうではないのです。断言しますが、教職の素晴らしさを感じ取れるのは「情熱」を持っている教師だけなのです。

これではここまで述べてきたことと矛盾しますね。「情熱」なんて持ったところで何のいいこともない、と説明してきたのですから。

では、それはいったいどういうことなのでしょうか？

それはうわべだけの感覚的、恣意的な「情熱」は、実は本当の意味での情熱ではないということなのです。人は「情熱」という言葉を的確にとらえ、その意味を共有しているわけではありません。「情熱」という粗い抽象語に自分だけの生活体験を結びつけているだけなのです。よって、それを揺るがす現実にぶつかった時にあっけなく自分の「情熱」を撤回し、迎合し、「Ｂｏｗ！」するわけです。

では、本当の意味での情熱とは何か？
それは、

『哲学』に立脚し、子どもの力を伸ばすための戦術・戦略を全力で実行すること

です。

『哲学』と「子どもの力を伸ばすイメージ」とそれを実現するための「戦術・戦略」、そして「全力で」という決意があれば、目の前の障壁を打ち砕くまでは決して諦めないはずです。そうして打ち破った時に本当の教職の素晴らしさを感じることができるのです。

そんな真の意味での情熱を追い求めていきませんか？

宿題忘れを黙っている…を許す教師になるな

次頁の図をご覧ください。
この図にある言葉を順次説明します。

◆目的

これは教育基本法第1条に明記されています。すなわち次の条文です。

> 教育は、人格の完成を目指し、平和で民主的な国家及び社会の形成者として必要な資質を備えた心身ともに健康な国民の育成を期して行われなければならない。

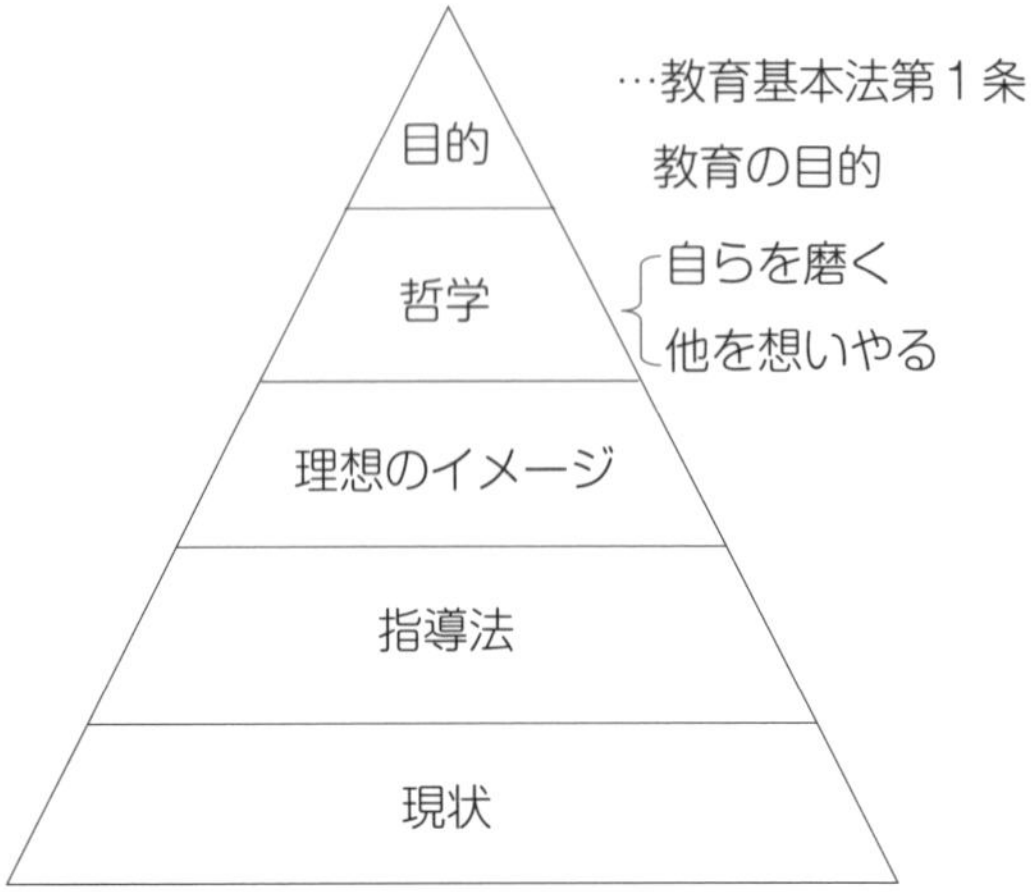

哲学ピラミッド

これは日本の教師全員が一律同じに認識すべき条文です。すべての指導はここに収斂されなければならないのです。

◆哲学

これは、教育基本法第1条をふまえて、子どもに身につけさせたい力を一言で言い表したものです。これは千差万別の表現になるでしょう。教師一人一人の人生経験も価値観も違うからです。しかし、最終的に教育の目的に収斂されていればそれでよいのです。

さて、私の場合は次の2つになります。

①自らを磨く力

②他を思いやる力

例えば、宿題を忘れて黙っていることを許

しません。それは自らを磨くことにはならないからです。自分を甘やかす行為です。例えば、漢字学習のノートの乱雑さを許しません。それを読む人のことを考えていないからです。

例えば、何も言われないのにゴミを拾っている子を褒めます。怠けていても誰にも文句は言われないのに、面倒くさいと思えることを進んで行う勇気と行動力があるからです。例えば、自分の掃除場所が終わったら他の場所を手伝う子を褒めます。自分の仕事をきっちりやり遂げたうえに、他の友達への心遣いを忘れていないからです。

枚挙に暇ないこれらの局面での子どもたちの姿を見て、それは自分の「哲学」に適した行動か否かを瞬時に判断するのです。そうしてすかさず、褒めるか？叱るか？＝価値づけを行うのです。その絶え間なき連続的指導によって、子どもたちは自分たちの取るべき言動を理解し、行動できるようになっていきます。

◆子どもを伸ばす「理想イメージ」

先述した宿題や漢字ノートなどのように、「『哲学』に適う力を伸ばした子どもたちならどんな姿を見せるのか？」というイメージを明確に持つのです。これがないと行き当たりばったりの指導に終始してしまいます。つまりブレるわけです。「育った」学級なら、子どもたちが登校して下校するまでのすべての時間において、どのような姿を見せるのか？　一つ一つ丁寧にイメージしましょう。

◆現状を把握し「指導法」を考える

そうして「理想イメージ」を持ったうえで子どもたちを見るのです。当然理想とはかけ離れた未熟な姿をさらすはずです。そこで初めて「指導法」を考えるのです。既にある指導法を追実践するのか？　あるいは一部修正して実践するのか？　あるいはまったく新しい指導法を編み出すのか？　その上で確定した指導法をぶつけ、効果があったかどうか検証するのです。上手くいかなかったのなら別の方法選択を、あるいは一部修正を要します。上手くいったのならさらに上のレベルに引き上げるべく新しい指導法を考え出していくのです。

よくあるのが、「○○先生の実践だから」という理由だけで実践して、それで終わりにしてしまうことです。子どもたちの現状に即して指導法は取り入れ、終わった後にその効果について検証を行えばそれは貴重な財産として蓄積されていくことになるのです。

「指示されなくとも動く子」を育てると心に決めよ

あるラグビー強豪校では「集合！」の合図で必ずダッシュさせるそうです。何故かわかりますか？　それは「集合！」という号令に瞬時に反応してダッシュすることが、試合中にチャンスと思った瞬間のダッシュに繋がるからです。

また、あるチームでは毎日練習前に学校や地域の清掃活動に取り組んでいます。その際に指導者は「ゴミは拾うのではない。探すのだ」と選手に教えるのだそうです。

また、毎日隣にいる友達の「良いところ」を探して褒め合いをさせるのだそうです。何故かわかりますか？　それは一見何もないようなところから何かを見つけ出すトレーニングをすることで、試合中にわずかなチャンスを見つけ出すことに繋がるからです。

別の例をあげましょう。かつて日本には海軍兵学校という海軍士官養成の学校がありました。当時国家の命運を担うエリート中のエリートが集う学校でした。ここでは、階段を昇るときは一段飛ばしの駆け足、食事は片手だけでとらねばならなかったそうです。何故かわかりますか？　それは、いざ戦闘になったときに悠長に歩いていては戦死してしまうからです。また戦艦や潜水艦の中は狭いので、食事中は広くスペースは使えないからです。

逆に陸軍幼年学校の生徒には「一般人のいる場所で走るな」という決まりがあったそうです。それは軍人が走ると一般市民が「一大事か？」と不安になるからだそうです。

ここに挙げた4つの例には共通点があります。それは、選手や生徒が将来活躍する場所で即役立つ能力を身につけさせる工夫を凝らしているということです。そして、それらの工夫は、ラグビーチームなら「強くなる」、軍人の学校なら「戦争に勝つ」という確固たる「哲学」に基づいて考え出されたものなのです。

これと同様に教師は自分なりの「哲学」を持つことが大切です。これがなければ、ただ単に方法論をやたらめったら繰り出すだけで安定した結果を出すことはできません。

ラグビーを例にとって説明しましょう。

ラグビーの練習ではパスやキックやタックルなどの「技術」を練習します。どれもが大切な技術です。しかし、せっかくそれら技術を身につけたとしても、いつどこでどのような状況で使うかによって、効果はまったく違ってきます。例えば、キック処理が上手いチームにいくらキックをしてもすべてうまく処理されてしまい、逆にピンチになってしまいます。ゴール直前で膝下にいくら鋭いタックルを見舞っても、そのままの勢いでトライされてしまいます。ですから同じキックでもタックルでもやっていい場合とそうでない場合とがあるのです。ここで、指導者はいかにすればその場面で得点されずに逆に得点を加え、勝利に導けるかを選手に指導する必要があります。また、タイムマネジメントという考えも重要です。前後半合わせて60分間として、例えば終了直前の59分まで負けていても、最後の1分間を攻め続け、ロスタイムに逆転すればそのまま勝利へ導けます。（２０１５年度ラグビーワールドカップの南アフリカ戦での日本勝利はまさにその典型でしょう。）

教師の指導にも同じようなことが言えます。例えば、ハンドサインという教育技術があります。これは子どもたちを並ばせるときに教師が前に立ち、指で並び方などを指示するというものです。

　これはこれで効果のある指導技術です。しかし、間もなく卒業する6年生が卒業式の会場に入る際に、担任がハンドサインを出していたとしたらどうでしょう？　それはあまりに情けない指導としか言いようがありません。その状態は言い換えれば、小学校6年間学校で勉強していながら、教師の指示がなければ列になって並ぶことのできない子どもたちにしてしまったという「教育の敗北宣言」とも言えるでしょう。
　また、「ゴミを10個拾いなさい」という指示があります。これは「ゴミを拾いなさい」という指示に比べて、具体的な数字があり子どもたちはよく動くという点で優れているとされている有名な指導言です。
　しかし、いくら優れている指示だからといって、いくら有名な指示だからといって、年がら年中この指示ばかりを出さねば動かない学級集団なら、それは果たして「育っている」集団と言えるでしょうか？　ゴミがあったら誰かに言われるまでもなく自分から進んで拾えるような子どもを育てることこそ「指導」ではないのでしょうか？

　こう考えていくと単に指導法を子どもたちにぶつけていくだけでは弱いのでは？という ことがおわかりいただけるでしょう。指導法とは、あくまで「戦術」だからです。戦術は、それ単独では何ら意味をなさないのです。同様に教育技術もまたそれ単独では意味をなさないのです。どのような状態で何故それを用いるのか？という視点が必要になってきます。実は、それが「戦略論」なのです。1年間を通じて子どもは絶えず変化していきます。よって、理想像も日々変化していくということなのです。必然的に指導法も変化させていかなくてはなりません。

1年後のイメージを胸に子どもと向き合え

スポーツの世界には「ピーキング」という考えがあります。これは年間のどこにピークをもってくるように練習を進めていくのかというものです。学級づくりにも同様のことが言えます。そして学級の場合、ピークはその年度の最終日であるはずです。

次頁の図をご覧ください。

これは年間を通じて学級づくりを行っていくにつれて、教師の活動量が減り子どもの活動量が増えていくということを示しています。例えば4月では、1日の活動量の中で教師が占める割合は大きくなるはずです。しかし、1年後には教師の活動量は大幅に減り、代わって子どもの活動量が大きく増えているはずです。

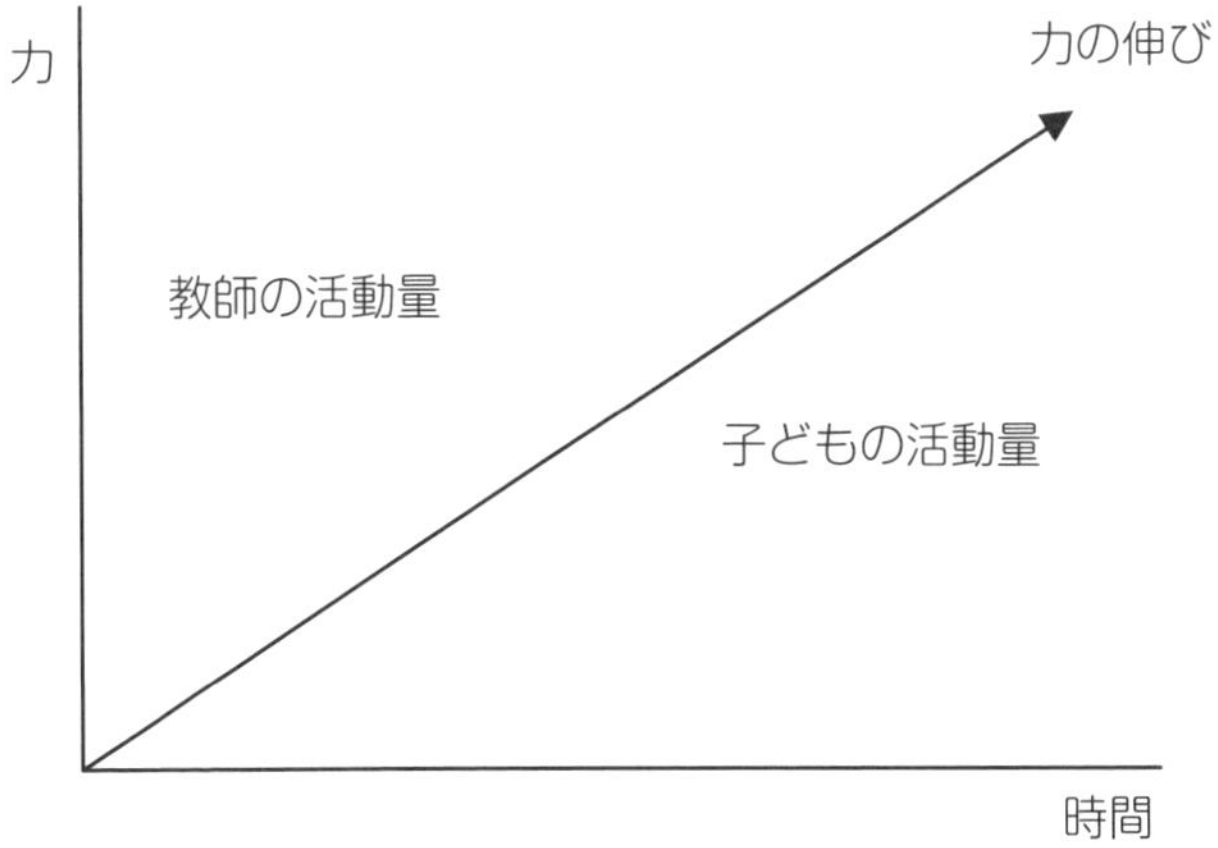

年間を通じた教師の活動量と子どもの活動量イメージ

つまり、1年後の最終イメージは「教師がいなくても子どもたちが自分たちだけで動いていける」状況を生み出すことになります。これが戦略論の骨格です。

また、最終的に子どもたちがどのような姿になっていることが「理想イメージ」なのかは教師の「哲学」に規定されるのです。

先述しましたが、現在の私の「哲学」は「自らを磨き、他を思いやる子どもを育てること」です。すべての指導言はここに収斂されます。

それでは、今述べた骨格および「哲学」にしたがって先ほどの「ハンドサイン」と「ゴミ10個」の指示の在り方について考えてみましょう。

まずハンドサインですが、このサインはまだ新しく集まったばかりの「烏合の衆」を一度に動かすときに極めて便利な教育技術です。しかし時が進み、毎日過ごす同じ教室や廊下から、年間に何十回も利用している体育館などに移動するのに毎回毎回ハンドサインが必要なのでしょうか？　もし必要だとするならば、それは目の前の子どもたちが相変わらず「烏合の衆」であることを示しているようなものです。「烏合の衆」を「目的的集団」に成長させるのが学級づくりであるとするならば、いつまでもハンドサインを出し続けるのは、もはや学級の成長を諦めているか、あるいは学級担任がそれを願っていない（あるいは学級を成長させるという思考そのものがない）のどちらかとしか考えられません。「自らを磨き、他を思いやる」子どもたちならば、最終的にはどのような並び方をするのでしょうか？　きっと、喋ったり騒いだりしたい気持ちを抑え、他の友達と協力して静かに体育館などに移動することでしょう。これが「理想イメージ」です。

「ゴミを10個拾いなさい」という指示も同じです。クラスが始まった頃ならば、具体的な数字を示すことによって子どもたちはよく動くことでしょう。しかし、それからいくら時間が経っても「10個拾いなさい」という指示を出し続けなければならないとするならば、その状況は先ほどと同様、子どもたちが成長していないということになります。「自らを磨き、他を思いやる」子どもたちならば、きっと教師に言われる前にゴミの存在に気づき、誰に言われることなくゴミを捨てることでしょう。もっと育てば、自分の教室だけでなく、校舎内全部、ひいては通学路などでもゴミなどを自発的に捨てるようになるでしょう。これが「育った」子どもの「理想イメージ」です。

次に、「現状」を「理想イメージ」に近づけるための「指導法」を考えます。ハンドサインの場合。例えば、私なら子どもたちに次のように言います。「今日は全校朝礼で体育館へ移動します。さてそのときに、先生が前にいるクラスと、後ろにいるクラスとではどちらの方が力があると思いますか？」すると子どもたちの多くは「後ろ」だと答えます。理由は「先生がいなくても自分たちだけで移動できるから」という答えが出るはずです。（万一出なかったら教師から示せばいいだけの話です。）「では、みなさんはどちらを希望しますか？　まあまだ5年生だから先生が前にいないと無理だよね？」というくらい挑発してみてもよいでしょう。子どもたちは「後ろにいて！」と言うはずです。そうして子どもたちを見守り、それなりに並べたら教室に帰ってから褒めてあげるのです。「さすがは5年生！　先生が前にいなくてもちゃんと移動できたね！」という具合にです。

また、「ゴミ10個」の場合もほぼ同様です。「君たちは先生が『ゴミを拾いなさい』と言われて初めて拾い出すクラスと、何も言われなくても自分たちで気づいて拾えるクラスとどちらの方が力があると思いますか?」という具合に聞きます。つまりは子どもたちがチャレンジする場を設定するのです。

そうしてその直後からでもゴミを拾う子がいたら、すかさず褒めてあげるのです。教師はそのような動きをする子を見逃さない目を持たなければなりません。

このように「哲学」に基づいた明確な「理想イメージ」を持って1年後を見据えて指導していく。これが「戦略論を持った指導」なのです。

学び続ける「情熱」が教師を「プロ」にする

何と言っても教師の仕事といえば「教える」ことです。そんじょそこらの「シロウト」さんには真似できない授業を次から次へと繰り出す。子どもたちはそれを見てあっと驚く！　ぐいぐい教師の指導に引き込まれていく。それが授業の真骨頂でしょう。

私はもともと熱心な教師ではありませんでした。中学校の英語教師の夢破れて、奈良県の僻地校へ赴任したのです。何か小学校で成し遂げたい！などという大それた野望も希望もありませんでした。「まあ、小さな子どもたちとドッジボールでもやって給料もらえたらいい商売だよな」くらいにしか考えていませんでした。

最初に受け持ったのは4年生14名でした。純朴な子どもたちでした。休み時間はとにかく遊び、放課後も遊びました。休日も職員住宅に子どもたちが遊びに来て、楽しくやっていました。ところが1学期も終わり頃になると子どもたちの様子が変わってきたのです。何というか、覇気がないというか、気だるそうな表情で授業を受けているのです。それが面白くない私は感情的になって怒鳴りつけることもありました。ろくな授業もできていないのに、ろくに勉強もしていないのに、自分の怠慢は棚に上げて子どもたちに上手くいかないイライラをぶつけていたのでした。今となっては何とも恥ずかしい限り、赤面の至りとはこのことです。そんな中、秋口にある女の子が学校に行きたくないと言い出しました。不登校の初期段階です。同じクラスの子にいじめられていたという訴えなのですが、未熟な私は全く気づけずにいました。子どもが不登校になっても尚、「私が悪いのではない。子どもが弱いのだ」程度にしか考えていませんでした。教師失格です。

そんな冬休み、私はある本を友達から紹介されます。「これ読んでみろよ。面白いよ。」と手渡された本は向山洋一氏の『教師修行十年』でした。何気なくページをめくると、その内容にあっという間に引き込まれてしまいました。まさしく「一気読み」でした。その足で書店へ向かい、ありったけの法則化シリーズを購入し、まずは追実践できるものから片っ端に授業をしていきました。すると、あれだけ気だるそうだった子どもたちの表情が変わったのです。いきいきと授業に参加するではありませんか！「そうか！　授業には指導書には書かれていないコツやネタというものがあるんだ！」初めて気づきましたが、既に1年目は終わろうとしていました。

授業が変わると子どもたちとの関係も大きく変わってきます。2年目、私は6年生10名を担任しました。そのころには本棚を埋め尽くしていた法則化関係の本から毎日ネタをより選って授業にかけていきました。学級通信も書き始めました。子どもたちの動きは、学年は違うとはいえ、1年目とはまったく違うものでした。研究授業でも「昨年とは打って変わってよくなった」と褒めてもらえました。

こうなるともう書籍購入やセミナー参加に対し、金に糸目はつけませんでした。当時土曜日の授業がありましたが、月1回は午後から東京へ向かい、日曜のセミナーを受けてその日中に戻って来るという強行軍を繰り返しました。教育雑誌は10種類以上。年末は本屋さんに数十万円を払っていました。

そうして数年経つとかなりの授業ネタがストックされてきます。法則化以外のセミナーにも足繁く通いました。仮説実験授業研究会の授業書はほぼすべて購入し、その多くを実践しました。学力研（当時落ち研）のセミナーや人権教育のワークショップにも参加しました。授業名人と呼ばれる先生の飛び込み授業も夜行を乗り継いで参加しました。野口芳宏氏、有田和正氏、宇佐美寛氏、酒井臣吾氏、深澤久氏、横山験也氏といった各分野の先生方を「追っかけ」ていきました。早く一人前の授業ができる教師になりたかったのです。「まずは多くの実践を勉強して授業できるようにしよう。そうすれば数十年後にはネタが豊富にあり、かつ授業の上手い教師になれるだろう。」その思いでサークル活動も続けてきました。イベントも開催しました。気がつくと「ミニネタ」という小ネタをたくさん集めることに没頭していました。「日本教育ミニネタ研究会」の発足です。

若い頃からそのように情報を収集してきた自分は「教師なら誰でもその程度の情報を集めているのだろう」と思っていたのですが、それは大きな勘違いでした。99％の教師はそのようなセミナーやサークル活動には参加していません。ひどい場合、教育書を1冊も購入したことがない人もたくさんいるのです。私にしてみれば「よくもまあ、そんな教育情報量で教師が務まるなあ」と思うのですが、それが偽らざる教育現場の実態なのです。

私は教師なら次の規準をクリアしなければ「プロ失格」と思っています。それは、

指導する教科・領域で、日本を代表するそれぞれの第一人者を3名挙げることができる。また各々につきその代表的な実践名を3つ挙げ、その概略を述べることができる。

というものです。

この程度の情報量を持たずして現場に臨み、「授業がうまくいかない」「子どもたちが言うことを聞いてくれない」などと嘆く人がいますが、致し方ないことだと思います。

子どもたちの力を伸ばすために、まずは教師自身が勉強をして、「教える」力量を高める

のです。そのためになら可能な限り時間も労力も費やせるか？　これが教師としてまずは最初に持つべき「情熱」なのです。

「学級崩壊」崖っぷちに立つ前に投資せよ

授業は子どもたちと信頼関係を構築する一番の近道です。でも、授業時間は1日の学校生活の55％に過ぎません。残り45％は授業外ということになります。この時間にも教師は子どもたちと繋がるために様々な仕掛けを行っていくべきです。

例えば休み時間。天気がよければ子どもたちと外で遊びましょう。私は50歳を過ぎましたが、休み時間は勿論のこと、放課後もグラウンドで子どもたちとサッカーなどをして遊んでいます。雨の日には男女を問わずお喋りをしたり、将棋やトランプをしたりして遊びます。

信頼関係を構築する有効な方法の1つが、

です。そのためにならば自分にできることは何でもしようと思っています。

「楽しい時間を共有する」ということ

サッカーボールは学校のものを借りるわけにもいかないので自分で買いました。2000円程度です。また教室には将棋盤やトランプ、けん玉などがたくさんあります。クラスの子どもたちが一度に遊べるだけの道具は揃えてあります。こうなると教師が放っておいても勝手に子どもたちは遊び出します。自然に子どもたちは繋がっていくのです。また、教育マンガも数々取りそろえています。教職25年で集めた「土作文庫」は常時200冊前後の蔵書数を数えています。子どもたちは時には魅力的なマンガや本に没頭しています。友達と遊ぶもよし、興味あるマンガを読みふけるのもよしなのです。

すると子どもたちは、そのような楽しい環境をつくってくれた教師のことを好きになってくれます。「毎日あの教室に行けば友達や先生と楽しく過ごせる！」そんな思いを持ってくれたら数万円の出費など惜しくも何ともありません。

考えてみて欲しいのです。もし学級崩壊してしまい、もう学校に行くのは嫌だ！と思ったときに「10万円で崩壊を再建します」という人が現われたら、10万円を払いませんか？崩壊させてしまった学級を再建することで得られる心理的な安心感はお金には代えられないものなのです。ならば数万円くらい、4月からクラスのために投資するのです。かの斎藤喜博氏は、学級の環境整備に給料の数ヶ月分を投じていたそうです。

さて、教室には必ず配慮を要する子がいます。そのような子とは積極的に繋がっていく労力を惜しんではなりません。私はほぼ毎年「前年度荒れていた問題児」を受け持ちます。昔は希望していましたが、いまや「このクラスをお願いしますね」と「指名」がかかります。

春休みのうちにできるだけの情報収集をした後、私はできるだけ早いうちに保護者と会うことにしています。始業式の日には一緒に家まで歩いて帰ります。そうして保護者に改めて「今日からよろしくお願いします」と挨拶します。保護者は驚かれます。何故かというと「初日からうちの子が何かやらかしたのですか？」と思われるのです。今まで教師が家庭訪問するのは決まって何か問題を起こしたときだったそうです。担任はその子のマイナス面だけを話して帰っていたのでしょう。このような子の保護者の大半は教師に対して何らかの不信感を抱いていることが多いです。そこでスタート初日から家庭訪問するのです。そうして保護者に「今年1年間一緒に力を合わせてやっていきましょうね」というメッセージを送るのです。このような要配慮児童の場合、保護者の心理的安定が結果として子どもとの関係をよくすることに繋がると考えてよいでしょう。

子どもと繋がる方法は他にもたくさんあります。それは褒めることです。何でもいいからとにかく褒めるというのではありません。先述した「哲学」に照らし合わせて褒めるのです。例えば、自分を磨く行為です。宿題のノートを丁寧に仕上げてくる。与えた課題よりも少しだけでも多めにやってくる。姿勢がよい。積極的に発言する。例えば、他を思いやる行為です。友達の落とした鉛筆などをさっと拾ってあげる。自分の役割でもないのに進んで仕事を見つけてやってくれる。しんどそうな友達を気遣い、介抱してあげる。このようなさりげない子どもたちの頑張りを見逃さずにみんなの前でフィードバックすべく褒めてあげるのです。

あと1つ「必殺技」というか「かくし技」ともいうべき方法を紹介します。

私は新卒の頃からラグビースクールをつくって活動してきました。結婚前だったので、ボーナスの多くをラグビーの道具購入に充てました。スクールに入ってくれた子の家庭に負担はかけたくなかったので、スポーツ保険料以外の会費は基本的に徴収しませんでした。土日は活動は週に1～2日、平日の午後からグラウンドや体育館を借りて行いました。土日は練習試合や大会に出かけました。もう週7日、子どもたちと一緒にいました。特にやんちゃな子どもたちは真っ先に声掛けしてスクールに入れました。ラグビーというスポーツで自分の可能性に気づき、仲間の素晴らしさを感じて欲しかったからです。

10年目には5年生チームを率いて奈良県大会で優勝し、翌年も優勝。連覇を達成しました。そのころの子どもたちの何人かは今も大学や社会人でラグビーを続けています。中にはトップリーグ（日本のプロラグビーリーグ）のチームに所属している子もいます。

私自身も今はタグラグビーチームの代表として活動しています。あと10年間の教職生活と共にずっとラグビーを指導していく覚悟です。折角子どもに何かを教える職業に就いたのです。とことん教え続けて定年を迎えたいと思っています。教師には何か特技があるはず。それを最大限に活かして子どもと繋がっていくことも可能です。

全員本気だ！全力だ！「傍観者を許さない」と憤れ

教職25年を超えた今、一番思うのは子どもたちに全力を出させることの大切さです。まだ若い頃はこのようなことは考えていませんでした。というよりは、子どもたちに「あそこまでやらせなくてもいいんちゃう?」と、一生懸命に頑張っている教師や子どもたちのことを冷めた気持ちで見ていたのだと思います。おそらく、そこそこの楽しい授業ができるようになったくらいで「もうこれ以上楽しい学級などあり得ない」などと傲慢なことを考えていたのでしょう。厚顔無恥とはこのことを言うのだと思います。

10年目を超えても「授業の楽しささえあれば何とかなる」と疑わないものですから、改善の余地などありません。生半可に教育技術の存在を知ってしまったためにダメになっていく教師の典型であったのだと思います。

今は子どもたちが手を抜き、ダラダラ過ごすことに非常に敏感になっています。何故ならそのことが様々な悪影響を学級に与えることを経験的に知っているからです。でも、今はそれだけではありません。心理学的にそれが組織にとってどのような状態であるかがわかったからです。先述した次の文献との出会いが大きいです（『人はなぜ集団になると怠けるのか「社会的手抜き」の心理学』釘原直樹　中央公論新社）。

人は集団になると手を抜くことは既にリンゲルマン効果として知られています。これは「傍観者効果」とも呼ばれるもので、「自分一人だけやらなくても他の誰かがやるだろう」という群衆心理のことです。学級集団も人の集まりである以上、このような心理が働く可能性は十分にあります。というより必ず働くものなのです。しかし、学級というのは何らかの目標を持ってよき人間関係を構築していこうという目的的集団であるはずです。ならば、この傍観者効果が働く集団とは対極にあるべきものだということに気づいたのです。

「いじめ」で悪いのはもちろん「いじめる子」ですが、そのとき周囲にいながら看過した「傍観者」もまた悪いというのは定説になっています。学級で全力を出させずに手抜きや怠けを許すと、当然「傍観者」が増加し、いじめに対して鈍感な集団になる危険性があるということだと言えないでしょうか。

こう考えると、やるべきことをきちんとさせない学級では、おそらくいじめ行為が発生し、また多くの子どもたちがそれを見て見ぬふりをする状況が生まれることになります。「やってもやらなくても評価は同じ。どうせなら手を抜いて楽をしたい」というのは何も子どもに限った話ではありません。大人だって同じです。だから教師は

かなり強い覚悟を持って「全力を出させる指導」を行わなければならない

のです。若い教師にはおそらく思いもよらないことだと思います。

また、これは別の観点からいうと、「ヒドゥンカリキュラム」という言葉で説明できます。教師は期せずして子どもたちにいろんなことを教えているという考え方です。

ゲストティーチャーが来てくださったときを例にとりましょう。お話を聞いた後に子どもたちに対して「何か感想はありませんか?」と聞くことがよくあります。多くの場合、数名の子どもが挙手をしますので、教師はその子たち数名をあてて発表させます。もしこれで指導を終えたのなら、教師は意図しないことを子どもたちに教えてしまっていること

になります。何かわかりますか？　それは

「感想というのは気の利いた者が発表すればいいのだ。いくら感想を持っていても挙手しなければ当てられることもない。お客さんでいれば楽なものだ」ということを強化してしまっている

のです。

例えば、教師がひとしきり何かの説明をして「わかりましたか？」と聞くことがあります。そのときに果たして何人の子が返事をするでしょう？　多くの場合これも数名ではないでしょうか？　これもその状況を看過してしまうと子どもたちはあることを学びます。

わかりますか？　それは

「先生が『わかりますか？』と聞いても、返事などしてもしなくてもいいんだ。それなら面倒くさいから返事しないでおこう」ということを強化してしまっている

のです。

もし子どもたちに全力を出させることを望むなら次のように指導するのです。

◆感想を言わないとき

「今『感想はありませんか？』と聞かれたとき、挙手をしなかった子は立ちなさい。君たちは1時間、貴重な話を聞いていて何も『感じず』何も『想わなかった』のか？『感想』とはそういう意味だ。感想がない理由を言いなさい！」

◆返事をしないとき

「全員起立。今『わかりましたか？』と聞かれて返事をした子は座りなさい。今立っている人に聞きます。返事をしなかったということは『わかっていない』ということを私に言ってるのと同じなのです。何がわからなかったのですか？言いなさい！」

このように、手抜きをすると「痛い目」に会うということを教えるのです。別の言い方をすると「追い込む」のです。

大丈夫、仲間がいれば乗り越えられる

教師の仕事ほど指導のノウハウを一人一人の教師にゆだねられている職業は他にはないでしょう。ですから、何も学ばずにいれば何の力もつかないまま学級を担任し続けていかねばならないわけです。でもほとんどの教師は、「その日暮らしの授業・学級経営」を繰り返しています。そのような教師が学校という組織を動かしています。当然そのような組織内の雰囲気は「その日暮らしこそ『正義』」というものになります。

そのような中で子どもたちにとって価値ある教師でありたいと願い、「情熱」を持って実践を積み重ねていこうとすると、多くの場合周囲との軋轢を生むことになります。勿論職場の中でうまく立ち回っていくことも重要ですが、「これはおかしいなあ。譲れないなあ」と感じることが多々出てくるものです。そんなときでも「『哲学』を持って子どもたちを指導していこう」という「情熱」を持ち続けられるか？　学び続ける教師にとってここが1つのターニングポイントとなるはずです。当然孤立することも考えられます。でも教師は時には孤独に耐えなければなりません。孤立が怖くて付和雷同し、子どもたちの力を伸ばすことを諦めるのなら、そのような思いは初めから大した「情熱」ではなかったということです。なかなか辛いものがあるのですけどね。

そのようなときに支えになるのは、共に学び続ける同志の存在です。同じ勤務校にいなくてもいいのです。電話やメールで繋がっていればそれはとても大きな安心感をなり、たとえ職場で孤独な状況にあっても、折れそうになる心を支えてくれる大きな力となります。そのような時期の体験を紹介しましょう。

ある年、私はいわゆる「荒れた学級（6年生）」を担任することになりました。というより、そのクラスを担任させてもらえるように「志願」して受け持ちました。当時の校長は面談で「大変なクラスだけどよろしく頼む」と言ってくださいました。私は「できる限りのことはやります。ですから、方法論については何も言わずに見守ってください」とだけお願いしました。そうして覚悟を決めて、子どもたちとの出会いを迎えました。

まずは面白い授業で惹きつけ、遊びやイベントで子どもたち同士を繋いでいくことに腐心しました。ネックになったのは5年生半ばから半年間不登校を続けているA君の存在でした。「子どもたちにお願いしてA君が再登校できるようにできるだけのことはやろう！今年の学級経営のポイントは、A君とその周りにいる友達の関わり方にあるな」と腹をくくったのを覚えています。

そこからはもう考えつくだけのことをすべてやったという感じです。学級の雰囲気をよくすることと並行して、毎日A君宅への家庭訪問を続けました。放課後、子どもたちがみんな帰った後で二人でキャッチボールをしたり、勉強をしたりしました。時には私がA君宅へ出向き勉強しました。A君と仲のよかった友達と一緒に手紙や寄せ書きなどを届けました。「学校は楽しいぞ。早く来いよ！」友達の心のこもった言葉を毎日届けたのです。すると少しずつA君の心が動き始めました。ある朝、A君の母親から電話がありました。「今日は車の中から、学校の運動場での友達の様子を見たいと言ってます」とのことでした。授業がありことどもたちがたくさんいる間は決して学校に近寄ろうとはしなかったA君だったので、これは大きな進歩だと感じました。「きっと来れるようになる！」そう思い、今まで以上に学級経営とA君へのアプローチを続けていきました。

「放課後体育館でみんなで待っているよ。30分だけでも一緒に遊ばないか?」この「提案」にA君が応えてくれて、再登校できたのが6月のことでした。そこからはもう日進月歩で学校にいられる時間が延びていきました。午後からの授業、給食時間から、4時間目から、3時間目からという感じで徐々に登校できる時間帯が早まっていったのです。そうして2学期半ばには朝から登校できるようになりました。1年ぶりに登校できるようになったのです。

その後、A君は殆ど休むこともなく、卒業できました。今でも子どもたちには本当に感謝しています。

ところがこの私の学級経営に対して批判的な人たちが多くいました。「不登校対策とはいえ、1つのクラスだけ放課後に体育館使用をしているのはどうか?」「あんなのは子どもへの迎合に過ぎない。甘やかしているだけだ」「自分の学級さえよかったらいいと思っているのか?」などと陰に日なたに言われたのを覚えています。

卒業式を終えた晩、私は悔しくて一番心を許せる同志に電話をしました。現上越教育大学教授の赤坂真二先生です。私の愚痴と思える言葉に対しても、赤坂先生はひたすら「うん、うん、そうか、辛かったよなあ、悔しいよなあ」と同調してくれました。「その気持ちよくわかるな。でも土作！　A君をはじめとする子どもたちはお前のことを信頼している。それでいいじゃないか！」と言ってもらえたときにすべての不満は払拭されました。

一番心の通じ合った友達に話を聞いてもらえただけでこんなに元気になれた。そのときほど仲間の存在の大きさを感じたことはありませんでした。心許せる仲間が今日もどこかで一緒に戦っている。そして繋がっている。そう思うだけでどんな孤独や苦難にも耐えられる。そう思いました。

若者よ、頑張れ！　だが、周りも少し見渡してみよ

先述したとおり若い頃はただガムシャラにひたむきに自分にできることをやり通してきました。その結果軋轢が生じてもひるむことなく自分を通してきたことを思い出します。猪突猛進の時代だったと言えます。多分に自分の性格による部分も大きかったのだと思います。理解してくれる人もいましたが、やはり多くは私のやることなすことに否定的でした。それでも「子どもが答えを出すとはどういうことだろうか？」という1点だけを追い求めるつもりで、振り返りもせず進んできたのです。

最近、若い先生方から同様の悩みを相談されることが増えました。しっかりサークル活動を続け、セミナーにも参加し、書籍もたくさん読まれている方々です。そのようなとき、私は「力をつけていく過程ではそのようなことはよくあることだよ。だから、ひるまずに

行けばいいんちゃう？　そのような、熱い心を持った若い先生には好感が持てます」と言うことにしています。若い頃の自分の姿に重ね合わせて、「若造よ！　頑張れ！」的な激励を贈りたいというのが本当のところです。

でもそれは20代、30代だからまだ許されることだと思っています。やはり40代、50代になれば、主任など、学年・学校全体を見渡して動かねばならない役が回ってきます。そうなったらやはり自分のことは後回しにしていかねばなりません。まずは学年、学校がうまく回るようにすることが最優先課題となります。

校長、教頭といった管理職は3～5年くらいで転勤していきます。ですから、実質学校の詳細を熟知し、先頭に立って指導をできるのは、教諭の中の先任的立場（最も古株）にいる者であるべきだと思うからです。そのような状況にあっても我が道だけを行けばいいというのはあまりに稚拙です。今まで勝手して身につけてきた力量はこのときのためにあると言ってよいのです。そのアドバンテージを持って、余裕を持って主任の仕事を難なくこなしていく。それが40代以降の「仕事の流儀」だと言えるでしょう。

小学校現場には女性の先生が多いです。女性の先生方はお喋り好きです。休み時間も放課後もよくお喋りしています。よく聞いてみると大概はとりとめもない雑談です。若い頃私はその手の雑談に付き合うのが大嫌いでした。いや、雑談自体は嫌いではないのです。ただ放課後の貴重な時間をそんな「無駄」なことに費やすのがもったいないと思っていたのです。時には子どもの悪口を言いまくっている人もいました。これがもうとてつもなく嫌なことでした。そんな時間があるのなら、放課後に遊びに来た子どもたちとドッジボールやお喋りをしていた方が、余程翌日の学級経営に役立つと考えていたのです。

でもある日、次のような話を聞きました。「男は解決を望むが、女は話を聞いてくれることを望む」確かそのような言葉だったと思います。

女性の先生には帰宅後家事や育児に追われる方が多いです。自分も子を持つ親の身ですから、母親の大変さはわかっているつもりです。ですから、今この年になったら、そのような忙しい女性の先生の仕事を少しでも軽減してあげられたらな、と考えるようになりました。勿論すべての業務を背負うわけにはいきませんが、自分が多少の時間を割いてそれで他の先生方が少しでも楽になるのなら、自分が進んでそのような仕事を引き受けようと思うようになったのです。これは日頃子どもたちに「周りを見渡して行動しろよ！」と偉そうに言っている自分への戒めでもありました。

ある日、とりとめもない雑談に敢えて参加してみました。手元にあったお菓子を分け合いながら、コーヒーを片手に雑談をしてみたのです。すると、周りの先生方の表情がにこやかになるのを感じました。そして直接表には出さないけど、いろんなことで悩んでいることに気づくようになりました。

かつてはそんな人の悩みなどに耳を貸すつもりはありませんでした。「プロ教師なら、そのくらい愚痴らずに自分で解決しろよ！」と冷たく距離を置いていました。それは多くの場合、年上に対しての思いであったのです。「年下の俺が何で経験の長いあんたらの愚痴に付き合わなあかんねん？」といういじけ根性、ひがみ根性があったのでしょうね。

今は殆どが年下の学年団です。いくらなんでもそれでは大人げないことです。雑談は普段表に出せない悩みや思いを交流する絶好の場なのですね。

それからはスーパーに行って何かとお徳用袋に入ったお菓子を購入するようになりました。それらを配っていろんなお話をするのが楽しくなってきました。すると不思議なことに学年や学級での仕事が上手く回り始めたのです。管理職もその様子を見て安心してくれているようです。

職場の雰囲気は教師の仕事の能率に大きく影響します。いくら「情熱」を持っていたとしても、誰にも受け入れていただけなければ意味はありません。

若い頃は大いにやんちゃでいけ！
でも、ある程度年をとったら周囲との調和をとることを考えていけ。

人間には、教師には、その時その年の役回りがあるのだとこの年齢になって気づいたのです。

「情熱」を持ち続けて教師として生きよ

「情熱」を持ち続けて教師として生きる。それ故に生じる数々の軋轢やストレス。その真っ只中にいるとなかなか心労も絶えないものです。でも、人間は苦難や痛み、辛さを味わうことなしに成長することはできません。「情熱」を持ち続けるにはそれなりの覚悟が必要なのです。

こう言うと「そんなに大変なら、いっそ長いものに巻かれてしまった方が楽に生きていけるのではないか？　厄介な『情熱』など持たぬ方が幸せな教師人生を送れるのではないか？」と思われるかも知れません。でもそれは違います。このような試練を乗り越えていくうちに、学校という組織にある様々な問題が見えるようになってきます。子どもたちを伸ばすための指導を阻害する様々な要因といってもよいでしょう。それらを認識していくことは、その後責任のある役回りになったときにとても役立つのです。

現在私は50歳になり、教職25年目となりました。6年生学年主任と生徒指導主任を任されています。おわかりとは思いますが、この役回りは学校内では先頭に立って学校全体を見回して指導していく指導力が求められます。軍隊で言えば先任将校です。戦場で陣頭指揮をとる立場です。早い決断を求められます。細かい対処・対応が求められます。さもなくば「自軍」を全滅させてしまうのです。責任は重大です。

様々な事案が起こり、対応策を講じるとき、それまでの多くの経験が活きてきます。うまくいった経験も、逆に失敗した経験もすべてが大切な状況判断時の資料となるのです。喧嘩、公園でのいたずら、クレーム、トイレの使い方、掃除指導、下校指導……。何か決断を求められたとき、まず大切にしなければいけないのは「哲学」です。どのような対応法であれ、行き当たりばったりの策ではよい結果は生まれません。教育的にどのような結果をイメージし、どのような対応をするのか？　瞬時の判断が求められます。

ある時、就学児の一日体験のお世話を6年生がすることになりました。その年から始まった新しい試みでした。「6年生の方でよろしく頼む。」そのように任されました。すぐに教務と教頭と相談し、計画案を練りました。「いろいろある6年生だけど、土作先生、指導をしっかりお願いします。」そのように言われました。その当時の6年生はいわゆるやんちゃが多く、ほぼ毎日何らかのトラブルを起こしていました。そういう状況での一日体験の「ホスト役」。なかなか配慮を要する指導だと思いました。

私は「哲学」に照らして次のように考えてみました。「自らを磨き、他を思いやる子どもたちなら、小さい園児たちに対してどのような姿を見せるだろうか?」そして、次のような理想イメージをはっきりさせました。

◆園児たちに初めて会ったときの笑顔や言葉掛け。
◆案内するときの視線や言葉遣い。
◆歩き方や手の引き方。
◆別れの際の挨拶の仕方。

そうして事前に6年生全員を集め、これらについて子どもたちに考えさせる学年での授業を実施しました。「今度みなさんには学校の代表として園児のエスコートをしてもらいます。どんなことに気をつけたらいいと思いますか?」とまずは聞くのです。このときに手を挙げた子だけを指名してはなりません。手を挙げない子がいたら起立させて次のように言います。「君たちはどんなことに気をつけたらいいのかわからない人ですね？　では今回は任せるわけにはいきません。」当然です。不安と期待を持って小学校にやってくる園児たちにどのようなことを考えて接するかは実はそんなに難しい問題ではないのです。考えたり、発言したりするのが面倒くさいなどと考えている者には本当に何も任せない。そのような強い意志を持つのです。

「自らを磨ける」人間でなければ「他を思いやる」ことはできない

からです。そのような締まった雰囲気をつくってからでないと、子どもたちは真剣にやろうとはしません。学年主任としてまずは子どもたちのモチベーションを上げること、そうして子どもたちの力を最大限に引き出すことが大切だからです。勿論、そういう指導を考えついたのは、今までの失敗があったからです。現場責任者として学年全体に「入っていく」指導を行う。そうして子どもたちからよい動きを引き出す。批判されながらも「情熱」を持って教職を続けてきたおかげだと思っています。

さて、そのような指導が奏功してか、体験入学は大成功に終わりました。「6年生の子どもたちが本当に優しく相手してくれて、子どもたちは大喜びでした。早く小学校に入学したいと言ってくれてます」とは幼稚園の園長先生の弁。校長がそのようにお礼を言ってもらえたと、私に笑顔で教えてくれました。校内の見学を終えた6年生の子どもたち全員に私は次のように言いました。

「今日は園児のみなさんに喜んでもらえたそうです。でもね、君たちは今日、いろんな勉強をしたね。年下の子に対する視線や話し方、人への思いやりの表現方法などを学んだはずです。それは今目の前にいる幼稚園の子たちがいてくれたからですね。逆に大切なことを教えてもらえたね。では全員起立！　幼稚園のみなさんにお礼を言いましょう！」

そうして全員で幼稚園の子どもたちや先生方にお礼を言いました。

「何かをしてあげたのではない。逆に自分たちが大切なものをもらったのだ。」

このような指導を思いついたのも、やはりそれまでの「情熱」があってこそだと思っています。

第2章

絶対成功の「情熱」クラスづくり

些細なことこそ目を見開いて指導を徹底せよ

若いうちは年齢が近いせいもあって「子どもたちって何てかわいらしいんだろう」と思うのは無理もないことかも知れません。若い教師には「若さ」という特権があります。もうそれだけで子どもたちは自分のところに寄ってきてくれるのです。嬉しいに決まってますね。ですから若い教師は大いに子どもたちを遊ぶべきなのです。それはそれで大切なことです。

しかし、多くの教師はここで必ず過ちを犯します。それは「子どもたちがかわいらしい。だから多少のことには目をつぶろう」と考えることです。例えば宿題忘れです。例えば当番活動さぼりです。例えば「タメ口」です。例えば気力のない挙手です。これらのことを次々と許してしまう。そうして学級は徐々に崩れていくのです。

子どもは未熟です。いくら表向きで綺麗事を並べていても、裏に入ると何を喋っているかわかりません。簡単に怠けますし、嘘をつきますし、逃げ出します。そうして実に巧妙にごまかす能力に長けています。それはもはや「動物の本能」とも呼べるものだと私は思っています。夢や希望を持って教師になった方には少々辛いことを申し上げますが、

「子どもがかわいらしい」なんて妄想に過ぎません。

そうしてその妄想にかられた教師が多くの場合学級を壊していくのです。

私が若い頃犯した「過ち」は、例えば次のような事例です。

◆子どもに学習習慣を指導しながら、徹底しなかった

例えば宿題の提出です。教師は宿題を出した以上は必ずその提出状況を自分でチェックしなければなりません。（よく子ども同士や日直にさせているのを散見しますが、あれは論外です。子ども同士の中に「あの子はだらしない子だ」という偏見を植えつけてしまう危険性があります。）でも、たまに忘れた子のチェックを怠っているのに気づいても、「ま

あ、元気に登校してくれているし、固いことは言わなくてもいいや」と思っていい加減にしてしまった時期がありました。これでは「この先生は提出物や締め切りに甘い！」ということを教えてしまったようなものです。でも、そのことの重大性に気づかずにいたというのが正直なところです。

◆子どもの悪さを保護者に知らせなかった

かつて担任した子どもの中にストレスから盗癖を繰り返す子がいました。担任して半年位してから、周囲の子どもたちの指摘で気づいたのです。「私が持ってきた文房具がよくなくなるので、おかしいなあと思っていたら、Aちゃんが同じものを持っているのです。聞いてもらえませんか？」ということでした。

すぐに聞いてみると「これは私が自分で買ったんです」とのこと。それ以上疑うこともできずにその言い分を聞き入れてしまいました。紛失した方の子は納得いかない様子でした。私は「あまり自分の学級で厄介なトラブルは起こして欲しくない」という思いが強かったのでしょうか。いらぬプライドというか、そんな虚栄心がその頃の自分の中にはあったのだと思います。

やがてその子の盗癖はエスカレートしていきました。あるときは教室中のハサミ全部がその子の机の中にありました。問いただすと「私は知らない」の一点張り。堂々と周囲にもそのように言うので、その時点でつっこみをやめてしまっていました。今となっては情けない限りですが、そのような失敗を重ねてきたことは事実です。

勿論今なら保護者に連絡し、今後のことを話し合うでしょう。でもその子の性格、家庭環境などをふまえて、伝え方についてはかなり考慮するとは思います。でも、新卒間もない頃というのはその程度のことにも考えが及ばないものです。先輩に相談する謙虚さもなかったあの頃は、全くどうしようもない「不適格教員」だったと反省されます。

◆気力のない挙手を許してしまった

若い頃はとにかく面白い授業をすることに腐心していました。新しいネタを仕入れてきては子どもたちにぶつける。いい反応が返ってくるのでさらに次のネタを探しては授業にかける。そうしていっぱしの教師になったつもりでいました。

でも、それでは授業ではなく、「授業ごっこ」に過ぎません。子どもに発問をして、その後子どもたちに期待したのはその発問に対する答えだけでした。挙手の仕方、発言の仕方、そのときの周りの聞き方などにはまったく無頓着でした。だから授業は単なる「ネタ見せの会」であり、「子どもたちに力をつける＝育てる」場ではなくなっていたのですね。そんなことを繰り返すうちに子どもたちは「手抜き」をどんどん覚えていきます。友達への関わり方なんて指導されないのです。教師が示す「ネタ」に付き合っていればいい。楽なものです。そのような環境で子どもたちは「傍観者の集団」となっていったのです。いじめが生まれやすい実に危険な環境を教師が一生懸命つくり出してしまっていたのです。

「育てる」指導で極めて重要なことの1つは、

学習習慣を徹底すること

なのです。子どもが「可愛い」と思うからこそ徹底すべきことです。

乗り越える喜びこそ子どもに教えよ

「学校は楽しい場所であるべきだ」という言葉をよく見聞きします。私が勤務したいくつかの学校でも、学校の指導方針として打ち出されていたこともありました。一見して疑いようのない指導方針のように思えます。でも、ここに1つの落とし穴があります。それは前項でも述べましたが、子どもたちに迎合してしまう環境をつくり出してしまう危険性があることです。

ここで重要なのは

何をもって「楽しい」とするか

です。「楽しさ」には2種類あると思います。1つは純粋な「快感」です。別の言い方をすれば「ストレスのない」状況です。先生が怒らなくて優しい、宿題もない、いくらでも手抜きが許される。子どもたちはそんな環境が許されるなら喜んでそうします。多くの場合、子ども自身が制御できないことは許されてしまいます。「子どもだから仕方ないよねえ」といった考え方です。これも何度も書きましたが、このような生ぬるい環境のもとでは、子どもたちはどんどん「堕落」していきます。これは大人でも言えることですが、仕事もせずに楽をしてばかりいて、人間的な成長ができる筈がありません。それなのに子どもたちに対してこのようなことを許してしまう。子どもに「勝負」をかけないのは教師も子どもも楽なのです。

さて「楽しさ」にはもう1つあります。それは「何かをやり遂げたあとに得られる快感」です。「ストレスに打ち勝ったときに得られる快感」とも言えます。純粋な快感と比してみて、子どもたちが将来生きていく社会においてはどちらの方が重要なのかは、生業を持って日々働いている大人なら容易にわかるはずです。そして大人／子どもを問わず、人間はストレスを克服する喜びを知ったときに、人間として大きく成長していけるのです。

さて、問題はいかにして「ストレス」を克服させ「快感」と感じ取らせるかです。私は次のような手法を取ります。

①困難に立ち向かい、克服した人物の紹介。
②子どもたちの周りにある「困難」の確認。
③「困難」を克服した子を紹介、賞賛を与える。

①困難に立ち向かい、克服した人物の紹介

これはスポーツ選手などの有名人の映像などが有効です。私はイチローのドキュメンタリー番組をよく見せます。インターネット上の動画サイトを活用することもあります。例えば、ＮＨＫ番組「プロフェッショナル～仕事の流儀～」は子どもたちを釘づけにします。華やかなパフォーマンスの裏側にあるセルフコントロールのすさまじさを子どもたちは初めて知ります。あの天才プレーヤーが実は日々厳しい練習や習慣づくりをしている事実を知るのです。「プロフェッショナル～仕事の流儀～」はご存じの通り他にも多くの著名人を取り上げています。まずは教師が楽しんで視聴する。そうして「困難に立ち向かう人た

ちの姿」にまずは教師自身が感動を覚えればしめたものです。視聴させたらその後に「何か学んだことはありますか?」と聞くだけでよいのです。子どもたちはしっかり「困難に立ち向かっていく格好よさ」について発表してくれるはずです。こうして何が格好いいのかをまずはお手本として示すのです。

②子どもたちの周りにある「困難」の確認

次に子どもたちに「では君たちの身の回りにはどんな『ストレス』があるかな?」と聞きます。勉強や当番活動などが挙げられるでしょう。そうして「勉強や当番活動に一生懸命取り組む姿は格好いい」という美意識をつくりあげていきます。

③「困難」を克服した子を紹介、賞賛を与える

ここまできたらあとは教師が子どもたちの動きをよくみておくことです。宿題をきっちりやってきた子や、当番活動を人一倍頑張っていた子がいたら、その日中にしっかりと褒めます。例えば、給食の準備中に自分の担当以外の仕事を見つけてやっている子を見つけたとします。給食の準備が終わり、「いただきます」をする直前に子どもたちに次のよう

に聞きます。

「今日給食の準備中にとても立派な人がいましたがわかりますか？」

多くの子は気づかずにいますが、必ず数人の子はある子のファインプレーに気づいているはずです。もし出なければ最終的に教師から教えればいいだけの話です。

「○○君が牛乳配りを手伝っていました」などという気づきが出たら、「そうだね。○○君は自分以外の仕事もきっちり見つけてやってくれた。格好いいなあ。みんなで拍手しましょう！」と言って全員で讃えます。そして、「でも友達のファインプレーに気づけた□□さんもいい目を持っているね。そんな子はきっと友達のいいところを取り入れてクラスをよくしていけるはずだよ。□□さんにも拍手～！」と言って讃えます。友達のよい行いを認められる存在もまた学級づくりを行ううえで重要だからです。

「研究授業の酷評」万歳！子どもが育てばよい

「よい授業」とはどんなものでしょうか？　これは1000人の教師がいれば1000通りの価値観があると言っていいでしょう。その意味では、「よい授業」の評価規準などはかなりいい加減なのです。したがって、研究授業などの後にどれだけ酷評されてもあまり落ち込む必要はありませんし、逆に褒められたからと言っていい気になってしまってはならないと思っています。

でも、「このクラスの子どもたちは『育ってるなあ！』」と参観した人に思わせる担任教師の力量は高いということだけは確かに言えます。だからといってその教師が「授業がうまい」と思われているかということとは別問題です。逆に「授業がうまい！」と周囲にもてはやされていた教師が学級を「崩壊」させてきたのを何度も見てきました。

教師にとって揺るぎなき価値基準。それは指導する子どもたちが「育っている」か否か、この1点のみなのです。

子どもの頑張りは120％フィードバックでほめよ

子どもたちが望ましい行動で成長を遂げたのなら、その姿を逐一何らかの形で可視化することが大切です。いわゆる「成功の見える化」です。どんなに素晴らしい体験をしてもそれは日が経つにつれて色褪せていきます。でも、いつもその「成功イメージ」が目に見えるところにあれば、子どもたちは常に「こうなったらいいんだ！」という理想イメージを明確に持つことができます。そのような環境の中で一日を過ごすことは、クラスによいムードをつくり出すのにとても大切なことです。

例えば、次のようなことを「見える化」します。

◆4月からの成長の証…イベントや長縄、給食の準備時間の記録など、クラス全員でやり遂げた成功の記録を短冊に書いて掲示していきます。
◆クラスイベントの様子…楽しんでいる子どもたちの様子に加えて縁の下で動いてくれている子の姿を示します。
◆キラリと輝く行為…乱雑に出されているノートを整理してくれたり、ゴミが落ちているとさっと片づけてくれたりしているシーンを見逃さずに撮っておきます。
◆給食の準備…全員で友達のために動いている様子。自分のことは後回し。まずは友達のことを気遣っている姿を示します。
◆掃除の時間…掃除は嫌々やらされるのでなくプライドを持ってやり遂げる仕事であることを示します。

おわかりいただけると思いますが、これらは教師の「哲学」に支えられた「理想イメージ」の「見える化」でもあるのです。教師は常にこのような「子どもたちにはこの局面ではこうあって欲しい」と願うイメージを予め持っておき、「おっ！　来たな！　ここだ！」

と思ったときにすぐにシャッターを押せるくらいの感性を磨いておく必要があります。故に教師にはデジカメなどは必携アイテムなのですね。

運動会などの主要な行事などの写真を掲示するのはよくある実践ですが、さりげない子どもたちの活躍に注目することが有効です。つまり、「そこまで見てるかあ?」という120%のフィードバックです。そうすれば子どもたちは「あっ、そうか。先生はわたしたちのこういうところを見ていてくれるんだな」という気づきをしてくれます。混沌として過ごしていく日々の中で明確なイメージを示していくことはかなりの効果があります。

▲時系列短冊　これは４月から子どもたちがクラス一体となってやり遂げた成功経験を文字にして張り出すものです。時系列で子どもたちの成長がわかります。

▲イベントの様子　みんなが楽しんでる様子の他に、縁の下でみんなのために動いてくれている人たちの存在を明確にします。

▲キラリと光る行為。クラスのためにさり気なく動いてくれている友達の様子です。

▲給食の準備　全員で友達のために動く姿です。

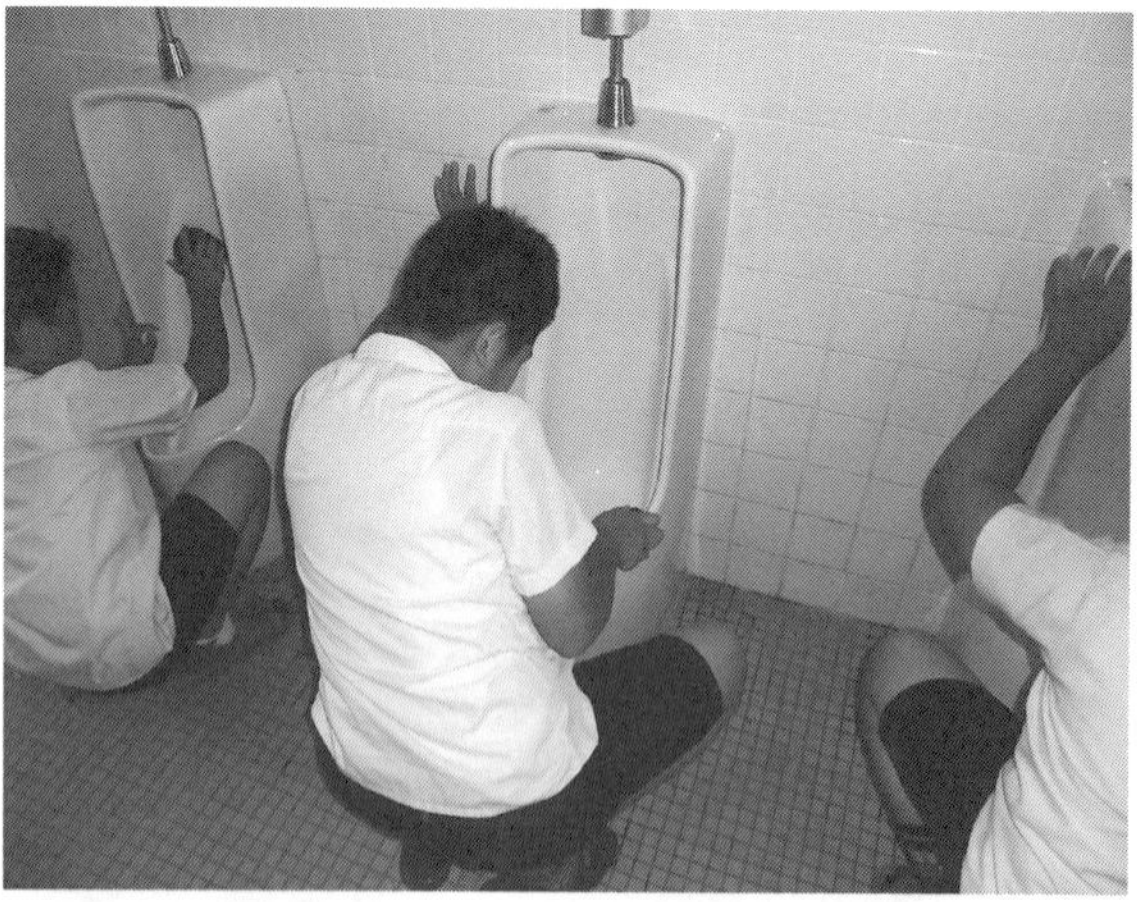

▲掃除の時間　プライドを持って全力を出して綺麗にする時間であることを明確に印象づけます。

やる気のない者に「掃除」はやらせない

日本全国どこの小学校でも掃除の時間があるはずです。世界的に見ると子どもに掃除をさせるというのは珍しいらしいですが、日本では、子どもが掃除をするのはもはや常識となっています。

多くの場合、班ごとに1～2週間で場所を交代して、クラスに割り当てられた掃除場所を綺麗にしていくことになります。よって教室には次頁のような掃除の担当を割り振る円盤や表が掲示されていることが多いです。

しかし、多くの場合、子どもたちは一所懸命には掃除をしません。勿論、分担場所を割り振っただけで真剣に掃除をすることが伝統になっている学校の存在を知っています。し

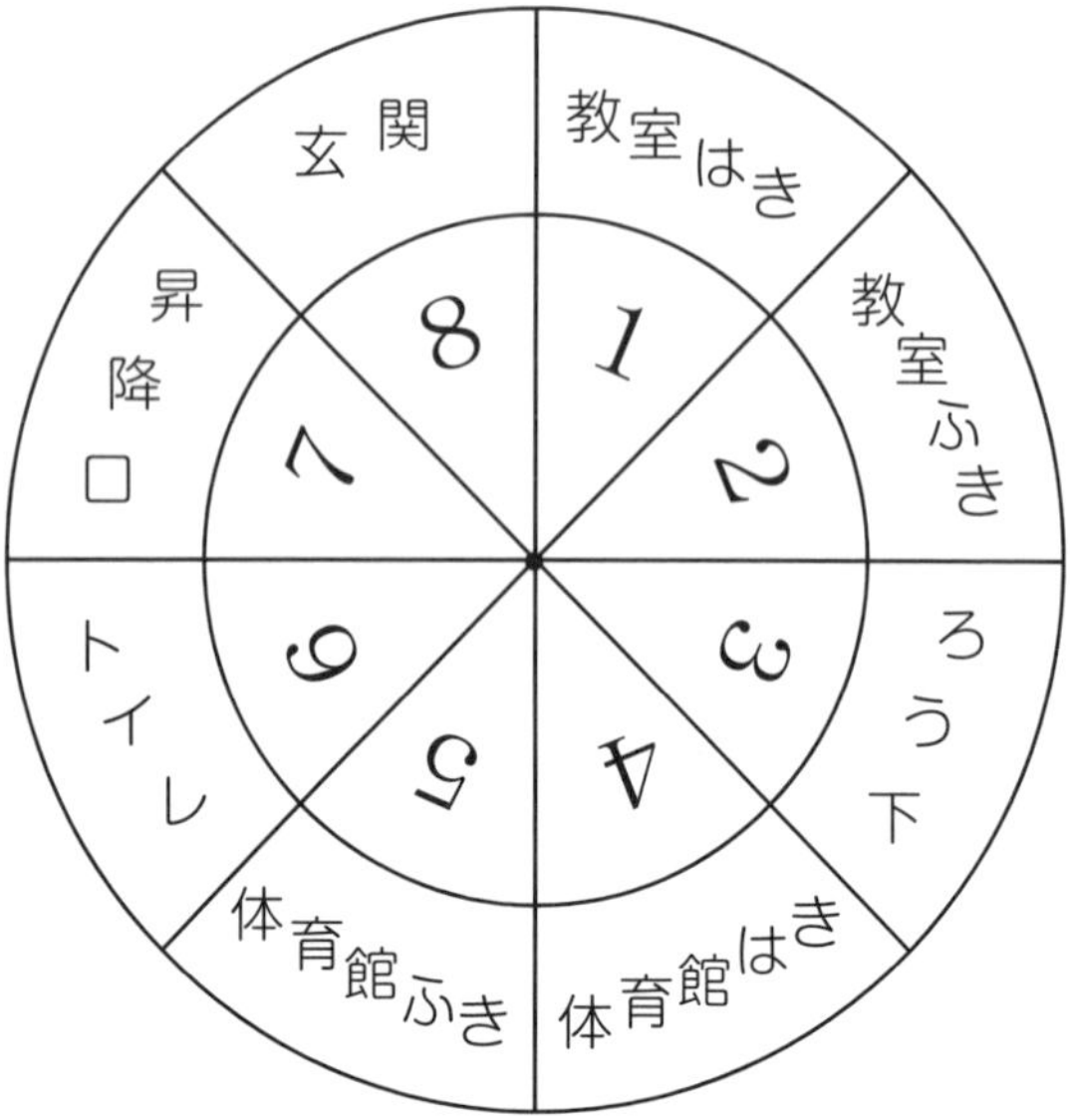

▲掃除担当場所割り振りのための円盤

役割／班	教室・掃き	教室・拭き	廊下・掃き	トイレ
①	田中	林	山田	藤井
②	野村	佐藤	松井	川村
③	嵯峨	大内	奥野	吉田

▲掃除担当場所割り振りのための表

かし、そんな学校は希有の例と言えるでしょう。たいていは掃除時間にお喋りや悪ふざけが横行します。担任教師も見かねて注意しますが、効き目は一時だけ。すぐにまた元の状態に戻ってしまいます。故に多くの担任にとって掃除時間は子どもたちを叱責しなければならない憂鬱な時間となっているのです。

かく言う私もそういう憂鬱な教師の一人でした。何度言ってもダメ。子どもたちはなかなか真剣に一所懸命に掃除をするようにはなりません。学校で編集されている「お掃除ビデオ」を見せたり、「早く終わったらそれでいい」というルールをつくったり、掃除点検表を作ったりしたのですがどれも効果はありませんでした。

そうしてある時、やっと次のことに気づきました。それは、「子どもたちの掃除への考え方を変えなければ、掃除時間の行動は変わらないのではないか？」ということでした。行動は思考によって惹起されます。どうして子どもたちは「掃除をいい加減にする」という行動に落ち着くのか？　それは「掃除というものに対する考え方がいい加減である」ことに尽きるからです。

私は子どもたちの行動ばかりにこだわっていました。思考がどうであるかなどには思いがいかなかったのです。しかし、このことに気づいてから、私の掃除指導は大きく変わりました。

子どもたちの「掃除」への思考を変える言葉。それは、

掃除などの仕事は、与えられるものではない。つかみ取るものだ！

ということです。

教師自身が掃除は「誰かがやらねばならない面倒な仕事」だととらえているから、子どもたちもそれを感じ取って一生懸命にやらないのです。世の中に出て、黙っていても与えられる仕事ってありますか？　ありませんよね？　試験を受けたり、資格を取ったり、仕事ぶりを認めてもらったりして仕事に就くのです。それなのに、掃除当番は黙っていても毎日与えられる。だから子どもたちは平気で掃除をサボるのです。こんな社会の現実とは著しく乖離したシステムを教えてはならないと思っています。弊害の方がはるかに大きいとさえ言えます。

そこで考え出したのが「清掃士資格制度」です。これは所定の試験に合格しなければ掃除することを許さないというシステムです。次のような要領でやります。

①清掃士試験の予告をする。志願する者には願書を書かせる。
②願書を提出した者から試用期間を設けてやらせてみる（2週間くらいでいいでしょう）。その際、まずは「黙ってやる」「力を入れてやる」の2点を評価の基準にする。
③教師は子どもの動きを観察し、「やってるな！」と思った子に「合格」を出す。合格者には「清掃士の辞令」を発行する。

これだけのことです。子どもたちは全員が志願し、一生懸命掃除をするようになります。試験問題と辞令は次のような体裁にします。是非お試しください。

3級清掃士　2次試験問題

志願者氏名	清掃場所

清掃完了時の状態

分	仕事の内容（具体的に）
1	
2	
3	
4	
5	
6	
7	
8	
9	
10	
11	
12	
13	
14	
15	

試験結果

合格・不合格・保留

▲3級清掃士　2次試験問題

辞令

所有資格　３級清掃士

担当場所　６年２組廊下

氏名

あなたは所定の筆記試験，実習試験に合格し，担当場所をプライドを持って綺麗に掃除する意思が十分にあると認められました。

ここに正式に辞令を発令します。

これからも○○小学校の代表として掃除を続け，自分の心を磨き，よき伝統を創り上げてください。

2016年△月×日

６年２組担任　土作　彰

▲３級清掃士辞令

日本一アツイ「給食配膳」方法はこれだ！

給食の時間になる。当番がエプロンに着替えてワゴンなどからワゴンや食缶、食器などを運び、準備に取りかかる。他の子は手を洗って並び、配膳台に給仕されたその日のメニューをお盆に乗せていく。準備が始まってから10分から15分でようやく全員の分が揃い、全員で「いただきます」をして食事開始となる。日本全国で見られる給食時間の風景です。

しかし、給食の配膳は当番だけ準備の多くを行うなんていったい誰が決めたのでしょう？　私は「自分を磨き、他を思いやる」子どもを育てたいと願うようになってから、その緩慢な「給食配膳の常識」が受け入れられなくなってきました。自分が目指す子どもたちの姿はどう考えたってこんなもんじゃない！と思えたからです。

ではどうするのか？

全員でやるのです。そして自分のことは後回しにし、まずは各自が友達の分を先に配膳することを心がけるのです。具体的には次の３つのパートに分けます。

◆キッチン担当

エプロンを着用しておかずを給仕する担当です。まずは希望者を募ります。１年間続けて、給仕の腕を磨きたい人を募集します。条件はエプロンを１年間自分で洗濯してアイロンをかけられる子などに限定します。１年間続けると最後の方は驚くべき要領のよさで給仕できるようになっていきます。言わばプロフェッショナルです。例えば、次頁のような技を「伝授」します。

◆ホール担当

これはキッチン担当が給仕したおかずやご飯を配膳台から机までを運ぶ仕事を担当します。ここでもただ運べばいいというのではなく、次のように動線や配膳の位置を意識させて運ぶように指導します。

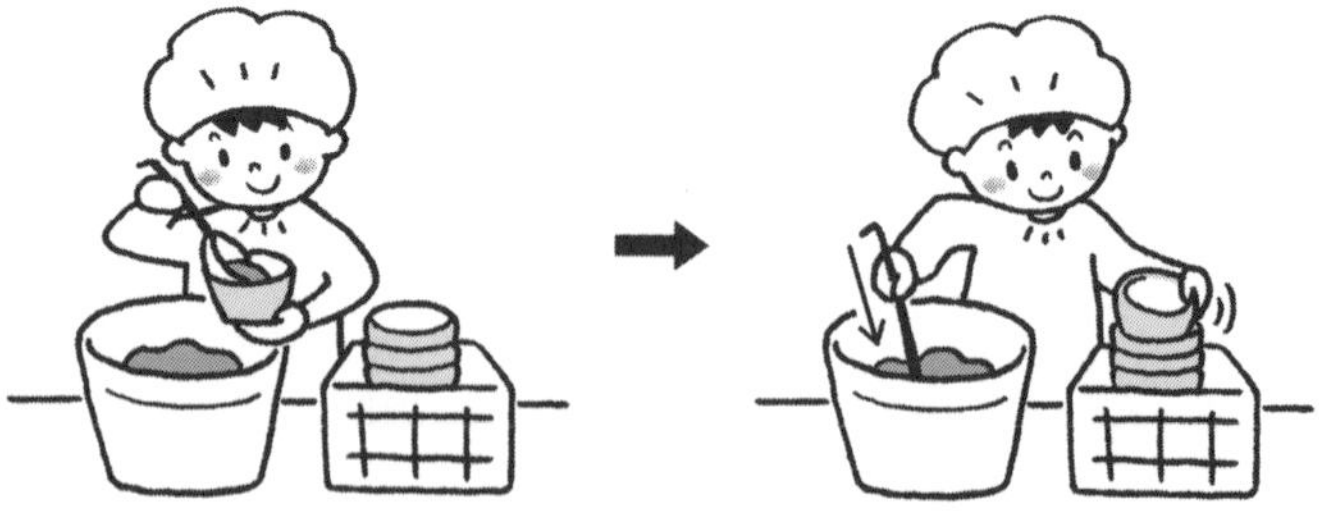

①汁物をお椀に入れたら、
そのお椀は待っている人
に渡すなどして……。

②すぐにお玉で食缶から
汁をすくいつつ、空のお
椀を手にする。

ココがポイント

この２つの動作を同時に
することで、給仕時間は
大幅に短縮される。

▲汁物の給仕の仕方

（上から見た図）

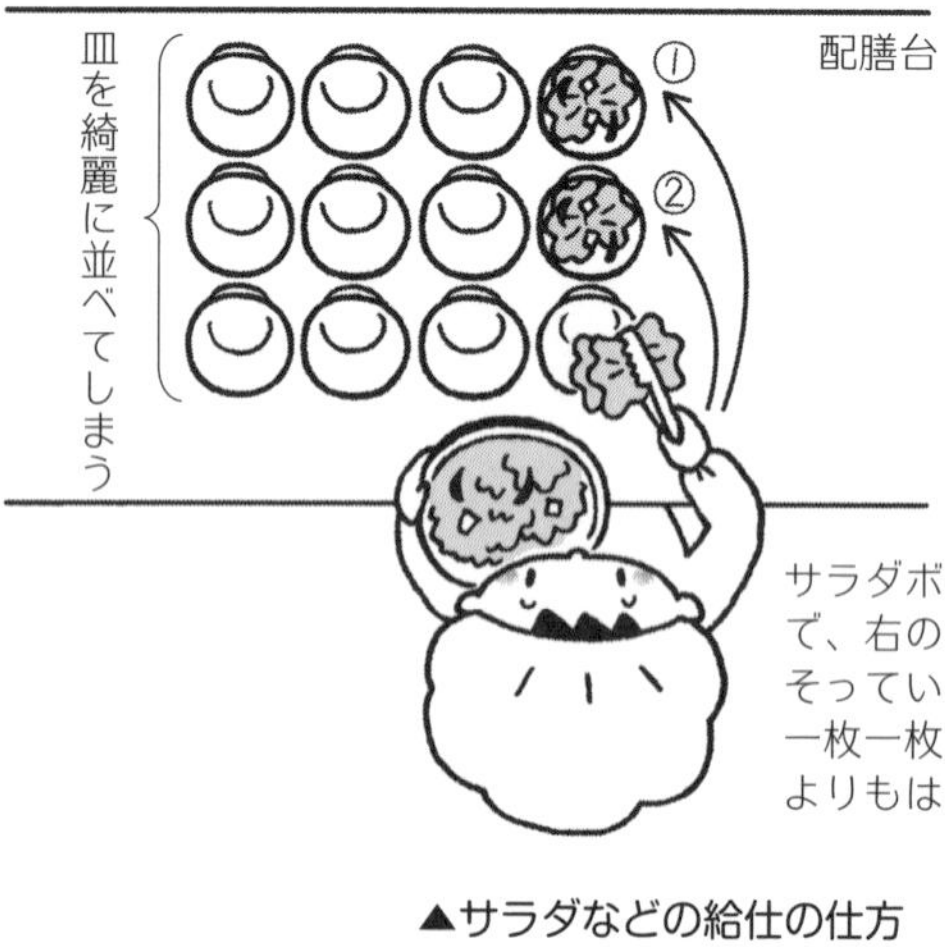

ココがポイント

サラダボールからトングなど
で、右の皿から順に次々とよ
そっていく。
一枚一枚皿を取っていく方法
よりもはるかに早い。

▲サラダなどの給仕の仕方

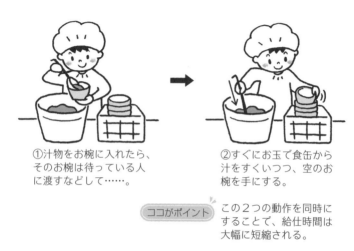

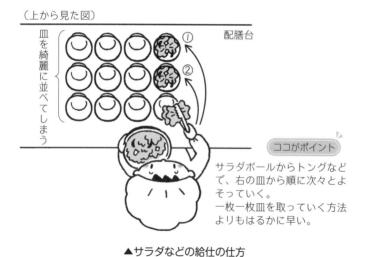

◆テーブル担当

これはホール担当が運んできたおかずやご飯を綺麗にお盆の上に配置する担当です。運ばれてきたメニューをお盆の上にただ置けばよいというものではありません。食べる人のことを考えて綺麗にお皿やお碗を置きます。当然、右利きと左利きとでは置く場所が違ってきます。次頁のようなイメージ持たせます。

このような指導をすると驚くほど早く給食の準備は完了します。子どもたちには「各自が自分のことばっかり考えているよりも、全員で全員のことを考えて行動すれば時間が少なくて済む。準備時間が短いほど、みなさんの協力する力が高いということです」と説明します。いたずらに速さだけを競うのは考え物ですが、やはり準備時間に10分以上かかるのは子どもたちの中に協力することの大切さが浸透していないことを示していると言えるでしょう。このようなことが常識にならなかったのは、あまりに発想力や仕事観への意識が低すぎると言わざるを得ないでしょう。ちなみに土作学級の最短時間はメニューがカレーの日で3分12秒でした。

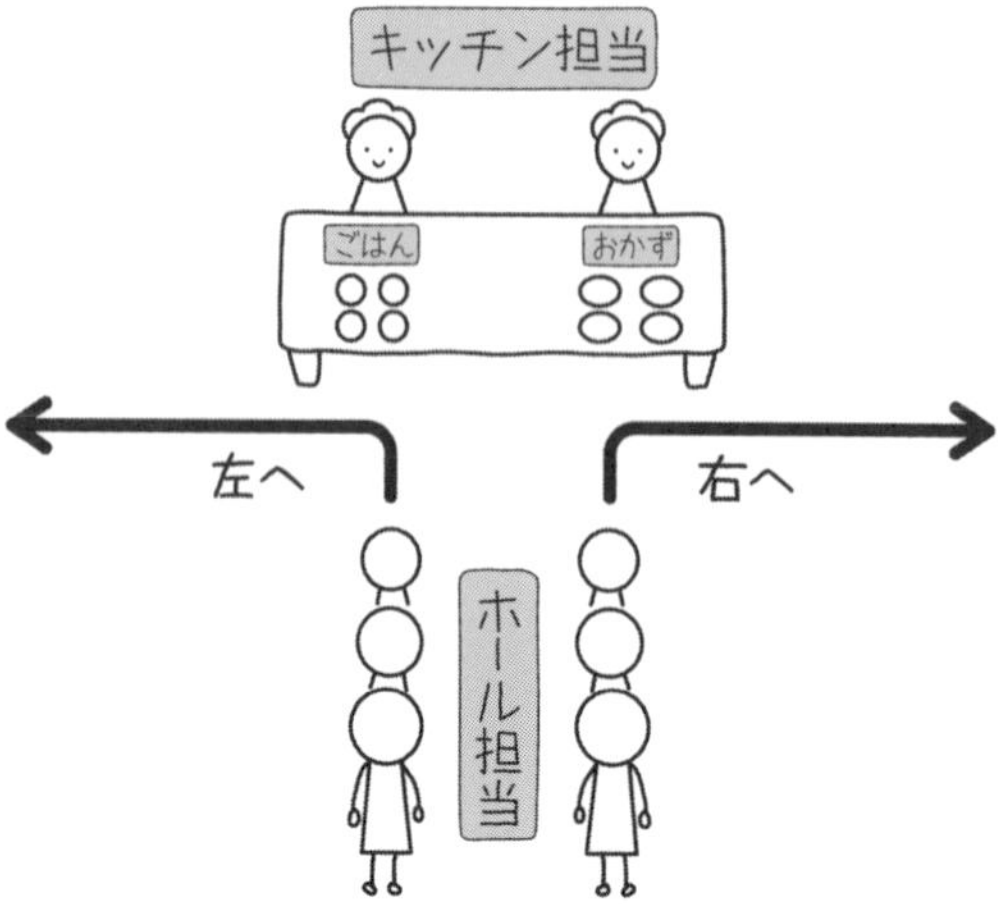

▲ホール担当の動線

▲お盆の上の配置　（左）左利き用　（右）右利き用

子どもの「思考」と「行動」を「決めゼリフ」で変えよ

人間の行動を変えるのは粗く言って2つのものしかありません。1つは「経験」であり、もう1つは「言葉」です。誰にでも自分が大きく変わった！と思えるターニングポイントがあるはずです。そのときに自分を大きく変えたものというのは何でしたか？　誰かとの出会いでしたか？　衝撃的な事件でしたか？　それとも誰かから投げかけられた言葉でしたか？　いずれにせよ、それらの物事はご自身の「思考」を変えるほどのパワーを持っていたということなのです。

考えてみれば学校での教育活動というのは、様々な経験を意図的に仕組んだり、意識的に言葉がけをして子どもたちの「思考」を変えようとする営みなのかも知れません。それが奏功すれば子どもたちは大きく成長していきますが、失敗すれば子どもたちに力がつかないばかりか、ひどい場合は退行させてしまうことにもなりかねないのです。いわゆる「学級崩壊」というのはその典型だと言えるでしょう。

子どもたちへの指導には「教え時」というものがあります。例えば、誰かが悪さをした理由として「○○君がやったから同じことをしました」と言ったときに、「じゃあ、○○君が死んだらあなたも死ぬのか？」という有名な（？）切り返しがあります。このような子どもに「そうか！」と思わしめる＝「ストンと落ちる」言い回しを教師はたくさんストックしておき、乾坤一擲ここぞというときに子どもたちに発せなければなりません。それは情熱ある教師なら当然身につけている（あるいは身につけておくべき）重要な教育技術とも言えます。いくつか有効な具体例を挙げます。

◆発言を求めたが一部の子しか挙手しないとき

難解なものでなく、多くの子が発言できるであろうと考えられる問いを発したときに一部の子しか手を挙げて発言の意思を表示しないことってよくありますよね。このようなときに挙手した一部の子を当てて発言させて次の局面に進むような愚行をしてはなりません。もしそうしたなら、それは「先生が問いを発したときは、一部の気の利いた子だけが発言すればいいんだ」ということを教えたことになるからです。その後その他大勢の子どもたちが発言の意思表示をすべく挙手することは決してありません。特に「高学年になると恥ずかしがって挙手しないんです」などと平気で言う教師がいますが、「自分は自分が惹起している事態の深刻さを理解する能力がない！」と言っているようなものです。

このようなときは子どもたちに次のように迫るのです。

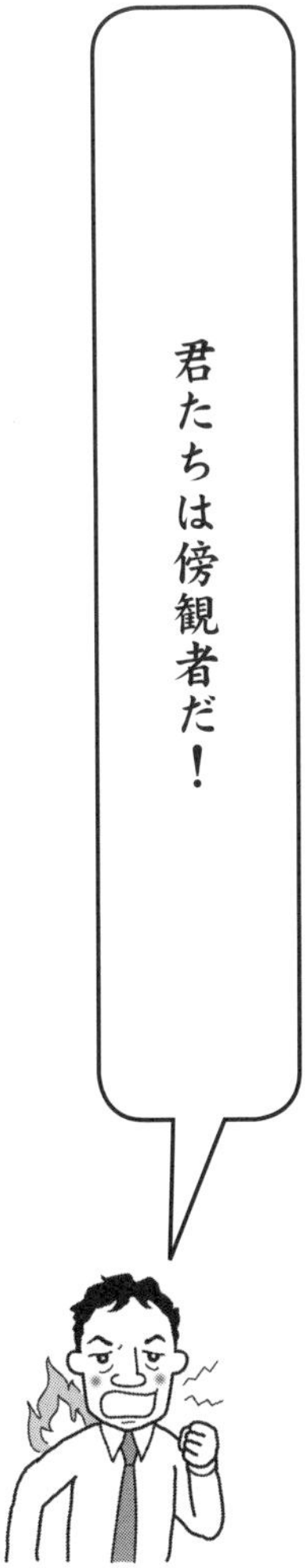

『いじめ』で悪いのは誰ですか？　そうですね。まずはやはり『いじめた人』です。でも他にもいますよね？　そう、『周りで見て見ぬふりをしていた人たちです。このような人たちのことを『傍観者』と言いますね。

先ほど私はみなさんにとても簡単な問いをしました。少し考えれば誰にでも思いつくことです。そのときに挙手した人はどれくらいいますか？（少ない人数を確認して）殆ど挙手していませんね。はっきり言いましょう。挙手しなかった人は『傍観者』です。今の授業で言えば『頑張って発言する子だけに任せて自分たちは知らぬふりをしよう』と思ったのです。

みなさんは一所懸命頑張る友達を見て何も思わないのですか？　間違うかも知れない、というドキドキした気持ちで発言している友達をどうして見捨てるのですか？そんな人は誰かいじめられたりして悲しい気持ちでいても、きっと見て見ぬふりをするのでしょうね。ここで聞きます。あなたたちはこのクラスをどんなクラスにしたいのですか？　友達の気持ちなんて関係ない！というような冷たい空気の支配するクラスにしたいのですか？

違うと言うのなら発言すべきなのです。たとえその内容に自信がなくてもいいのです。周りの友達が支えてくれます。思い切ってみんなで発言すれば恥ずかしくも怖くもないものなのです。

このように熱く語るのです。日頃から子どもたちと関係を築いているのなら、その言葉はきっと子どもたちの胸に染み渡るはずです。

◆男女が恥ずかしがって握手やハイタッチをしないとき

特に高学年になると異性を意識して簡単であっても身体接触を恥ずかしがるようになります。でも、やはりそこは仲よく握手、ハイタッチはして欲しいもの。そこで少々刺激的ですが、ここ一番の決めゼリフを紹介します。これは新潟の中学教師、堀川真理氏から教えてもらったものです。

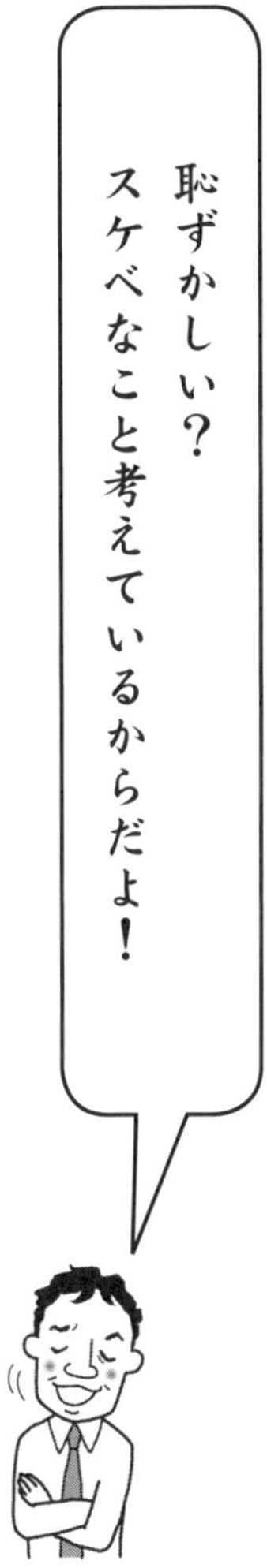
恥ずかしい？
スケベなこと考えているからだよ！

これは瞬時に子どもたちの「思考」を変えます。つまり「異性の手を握るのは恥ずかしい」→「スケベなことを考えていると思われて逆に恥ずかしい」という具合にです。これはなかなか絶妙な決めゼリフです。もし、目の前の子どもたちにぶつけるのが躊躇われたら、「前の学年で手を握らない子に言ったんだけどね……」という言い回しで遠回しに子どもたちの「思考」に訴えかけるといいでしょう。

このような決めゼリフを私拙著『絶対に学級崩壊させないここ一番の決めゼリフ』（明治図書）の中で紹介しています。是非ご一読いただけると幸いです。

熱意と情熱があればモンスターペアレントは生まれない

モンスターペアレントという言葉が流行しています。もはや教育現場では定着した用語と言えるでしょう。全国では様々なケースが報告されています。給食費未納に始まり、我が子かわいさのあまりの無理難題を次から次へと持ち込んでくる。その対応に日々追われて困憊していく教育現場……。そのような構図がセンセーショナルなのでしょう。テレビ番組でも度々特集が組まれているほどです。実際に私のところにも取材要請の電話がかかってきたほどです。

さて、このテレビ取材の話を紹介しましょう。電話に出るとディレクターらしき人が次のような質問をしてきます。

「先生、最近の保護者って大変ですよね？」「自分の利益ばかり主張して、学校の実情なんてお構いなしなんですよね？」「先生、さぞやご苦労されているのでしょうね？」とまあ、こんな感じです。私は要旨次のように返事をしました。

「いえ、私は小学校教師を20年もやっていますが、幸いにもそのような保護者には一度も出会ったことはありません。むしろ、私がやろうとしていることに賛同し、協力してくれる方々が圧倒的に多いですよ。」

こういうと、ディレクターさんは私に対する興味を一気に失ったようで、すぐに電話を切りました。このようなテレビ制作会社に象徴されるマスコミなどは教師の悩みなどどうでもいいのです。視聴率を稼ぐ素材ならば誰がどんな思いで悩んでいようがお構いなしなんでしょうね。あまり真剣にお相手はしたくないものです。

事実、私はいわゆるモンスターペアレントという類の保護者に出会ったことはありません。確かに担任するまでは「あの親には気をつけたほうがいいよ。やっかいだよ」などとありがたい前担任からの忠告をいただいたことはあります。でも、実際に付き合ってみると例外なく私のよき理解者となり、多大な協力や理解をしてくださいました。結果、学級づくりは実にうまくいったことの方が多いのです。これはいったいどういうことでしょうか？　実に粗い言い方ですが、モンスターペアレントという類の保護者は、「情熱」のない教師に失望して、結果的に何らかの「苦言」を呈するのだと思われます。教師が親身になって子どものことに一生懸命になれば、多くの保護者は感謝してくれるものです。いくつかの例を挙げます。

教職8年目に初めて大規模校へ転勤となりました。5年生担任でした。その頃は仮説実験授業研究会に熱心に参加していましたので、4月の段階でガンガン楽しい授業を行ってはその記録を学級通信に掲載していました。学級開きから1ヶ月ほどして放課後ある保護者から電話がかかってきました。「あれ？　何か苦情かなあ？」と思い、おそるおそる電話に出たのです。すると電話の向こうからは明るいやや興奮した声が聞こえてきました。担任するT君のお母さんでした。「先生！　仮説やってるの？　今日うちの子が喜んで授業の様子を聞かせてくれたんです。私も主婦だけど仮説のファンなんです。仮説やってる先生にうちの子が担任してもらえるなんて思いもしなかったので、つい嬉しくて！　先生、授業参観も楽しみにしていますね。どうか今年1年間、よろしくお願い致します。」

このようなお母さんがおられると口コミで評判はひろがっていきます。授業参観の日には他のクラスからもたくさんの保護者が参観にこられました。また、別の保護者からは次のようなお手紙をいただきました。

「先生、今日は楽しい授業をありがとうございました。今まで授業参観と言えば発表会などが中心で退屈で退屈で……。それがこんなに時間の経つのが早い授業は初めてみました。子どもたちの食い入るような視線もすごかったです。」この保護者の方々はいわゆるモンスターペアレントではありませんでしたが、普段から楽しい授業を心がけることで保護者の信頼を勝ち取れるのだということをこの頃に学びました。

またある年には、いわゆるネグレクトの母親が保護者の中にいました。母子家庭で、定職に就かず生活保護のお金で飲んだくれているような親でした。給食費は約15万円滞納。子どもは女の子でしたが、風呂や洗濯も満足にしていない状態でした。前担任は正義感からこの母親に「説教」を何度も試みたのですが、最終的には学校からの電話には一切出ないようになってしまいました。とりつく島のない、という状態です。

食事も満足でないこの子に対し、私は実家から送られてきたお米を分けてあげたり、卒業式前には制服を買ってあげたりして励まし続けることしかできませんでした。「おかあさんも色々大変なんやなあ。でも頑張れよ。できることはなんでもしてあげるから。」それが自分にできる精一杯でした。卒業式の日、事務の先生が「土作先生、あの子の家から滞納していた給食費が全部納入されました！」と報告を受けました。

一人の教師にできることは限られています。でも誠心誠意子どもや親に寄り添っていけば最後はわかってもらえるんやなあ、と感じました。また、もし精一杯やってもわかってもらえなかったら仕方ないやん、とも思っています。もし、私までもが母親に対して高飛車な態度で臨んでいたら、このような結果はあり得なかったと思います。人間としてできるだけ誠意と情熱を持って接していく。そうすればモンスターペアレントは生まれないのではないか？と思っています。

学級通信で熱く教師の哲学を語れ

学級通信は教師の指導哲学を保護者や子どもに伝える格好のツールです。例えば次のような内容で発行します。

◆「聴く」ということ

（諸説あるのですが）「聴く」の「聴」という字を分解すると次のようになります。

耳＋目＋心

つまり、ただ単に聞こえてくる音声を耳で聞いているだけでは「聴く」にはならないということです。目と心をも使って相手の言うことをきくのでなければ「聴く」ことにはならないということです。

◆人の話を手遊びをしたり、よそ見をしたりしてきく人がいます。しかし、それは「聴く」ということにはなりません。音声が単に「聞こえている」に過ぎないのです。今まさに話をしている相手を大事にしながらきくのです。そこで子どもたちには「3つの『く』」の話をしました。

向く　書く　頷く

◆話をしている人の方を向き、必要に応じてきき取った内容をメモし、頷くなどの反応をしながらきくのです。授業中に自分以外の人が話をすることは何百回とあるでしょう。その度に「3つの『く』」を意識するのです。それが相手を大事にするということなのです。

◆「手遊び」「よそ見」は「あなたの話していることには興味はない」というメッセージを相手に送っているのです。相手に自分の考えや思いを伝えるのは「言葉」だけではないのです。意識せずに不快なメッセージを送ってしまっているかも知れないという警戒が必要です。人は一人では生きていけません。ですから、よりよいコミュニケーションの方法を学校は勿論あらゆる場所で身につけなければならないのです。

自分を磨く掃除

◆6年2組の掃除担当場所は次の通りです。

> 教室　廊下　南昇降口　2階中央トイレ　1年2組教室

現在2ヶ月の「試行期間中」です。ここで自分の働きをアピールして最終的に1学期の掃除場所を決定します。今のところ、まだ「合格者」はいません。

◆掃除を一生懸命やるとは具体的にどういうことか？　それは次の2つができているということです。

【黙動と立腰】

黙って、力を入れて掃除をするということです。しかし、これがなかなか難しい。つい誘惑に負けて無駄話などをしてしまうようです。これは試してみればわかるのですが、おしゃべりしながらノートを写したり、本を読んだりしてみると、実に効率が悪いことに気づくと思います。15分間集中して掃除をするとかなり疲れるはずです。しかし、その間常に下向きに謙虚な気持ちで自分自身と向き合うことができる時間でもあるのです。一生懸命やれば、集中力が高まっていきます。それは勉強は勿論、スポーツなどにも通じてくることでもあります。自分を磨くことのできる貴重な時間。それが掃除時間なのです。

◆掃除時間にサボったり、いい加減な動きをすると、周囲にいる下学年の子たちがマネをします。「大きくなったらあんなふうにサボっていいんだ」ということを学ぶのです。これならやらないほうがマシです。引き受けた場所で責任を持って掃除をやり遂げて、大きな力を身につけて欲しいと思います。

良い習慣をつくるチャンス

◆次のような有名な格言があります。

> 心が変われば、態度が変わる。
> 態度が変われば、行動が変わる。
> 行動が変われば、習慣が変わる。
> 習慣が変われば、人格が変わる。

人格が変われば、運命が変わる。
運命が変われば、人生が変わる。

◆この「心」とは「思考」と言い換えてもいいでしょう。考えを変えれば行動が変わるからです。逆に考えを変えなければ行動は変わるはずがないのですね。

私たちはともすればうまくいかないことをすぐに他の人や環境のせいにしてしまいがちです。責任転嫁と言います。そんな「思考」では「自分の甘さを何とかしよう」などという行動を引き出すことはできません。よって責任を人のせいにばかりしている人の人生がよい方向に変わるはずがないのです。

このように教師が日頃子どもたちに伝えていることを保護者にも理解してもらうのです。これは他ならぬ教師自身の振り返りもなります。

苦手さのある子に一人の人間として精一杯向き合え

どのクラスにも配慮を要する子は数名在籍すると言われる時代です。様々に診断を持ち、それぞれに配慮が必要ではありますが、基本的には1対1の人間同士として付き合っていくことに尽きると考えています。

今から15年前、4年生を担任した中にY君はいました。1年の頃から、多動で、授業中の立ち歩き、教師への反発など、校内では「有名」で、今でいう特別支援を要する子であったのかもしれません。しかし、当時何の支援体制も組まれていませんでした。「担任丸投げ」でした。

担任して1ヶ月、様子をみていましたが、多動はもちろんのこと、授業中の立ち歩きなどは茶飯事、ノートに文字を1つ書くのも覚束ないほどの低学力でした。厳しい指導には激しく反発してきました。

私は、まずY君と放課後遊ぶなどのラポール（信頼関係）形成に努めました。ドッジボールが大好きなY君とともにかく休み時間は外へ出て遊びました。他の子どもたちもそこに加わってくれました。その一方で保護者とも「交換ノート」を作って連絡を密に取り合いました。男女の隔てなく、クラスではドッジボールが日課となっていきました。その上ではじめてY君への積極的なアプローチを開始したのです。連休明けの5月頃のことでした。

最初に行ったことは、「Y君はどんなときに問題行動を起こすのか」の分析でした。端的に言うと「物事の見通しがつかないとき」ではないかという仮説を立てたのです。

そこで、まず時間ごとにY君用のノートを作成しました。文字を認識し、書くことの苦手なY君の授業中の負担を軽減するためです。例えば、板書させる内容のところどころを（　）にしておき、キーワードを埋めるだけでよいということにしました。また、ところどころに「赤鉛筆で書きましょう」「次のページにいきましょう」などの作業指示も入れておくことで、「45分間の中で、今何をすべきか」がわかりやすいようにしました。この方法により、Y君の離席や多動は徐々に解消されていき、1学期の終わりには殆ど問題なく授業に集中できるようになったのです。

Y君の母親は教育熱心な方で、幼い頃に彼を公文式の塾に通わせていました。その効果でしょう。文章題は難しいようでしたが、計算問題にそれほどの苦手意識はありませんでした。それで算数の計算を扱った単元では、難なく理解できる局面があることに気づいたのです。そこで、授業中に計算の過程を説明するときには彼を意図的に指名し、前に出して計算の説明をさせました。クラスの仲間はY君の説明に驚き、拍手喝采を贈りました。言うまでもなくY君に自分自身への有用感を感じてもらうための仕掛けでした。

また、運動会の演技練習でも同様な配慮を講じました。3年生時はダンスの本番に参加しなかったらしいのです。練習にも参加せず運動場を走り回っていたとのこと。これも「ダンス練習の内容に見通しがつかず、細かい動きについていけないこと」が原因ではないかと予想しました。

そこで9月の運動会練習開始に先立ち、私はY君にその年に踊る「よさこいソーラン」の指導を開始しました。休みの日は私の家で「合宿」を行いました。踊りの映像を見せ、練習内容やスモールステップを説明したのです。そうして8月終わりには一通りの踊りができるまでになっていました。勿論、9月の運動会練習には1日も休まず参加し、本番も見事に踊りきりました。この後、秋口からのY君の変容には目を見張るものがありました。授業中には積極的に発表するまでになったのです。

当時は今ほど特別支援に対する理解も情報も多くありませんでした。ましてや学校体制としての支援など皆無でした。私にできることはただ全力でその子に対峙することだけだったのです。今では様々な特別支援のための情報が溢れています。教育のプロとしてそれらに精通しておくことは当然のことです。しかし、最終的には一人の人間としてどれだけ「勝負」するかにかかっているのだと思います。それを「情熱」と呼ぶなら、そうなのかもしれませんね。どんな子に対してもそうですが、人間関係を瞬時に劇的に構築できる特効薬や万能薬など存在しないと思ってます。

Y君との出会い以降、支援を要する子を担任した場合はほぼ同様の手法で乗り切ってきました。ただがむしゃらに、一人の人間として彼に精一杯向き合ってきただけなのです。もしあのとき、「もっと効率的な方法はないものだろうか?」とか「いちいち面倒くさいなあ。やってられないや」などという思いがあったなら、きっとY君との関係は上手くいかなかったでしょう。人を相手に人として全力を尽くす。どんな状況でも、今の私を支えてくれている経験則です。

その後毎年Y君は年賀状をくれます。今はもう成人し、車の免許も取り、正社員を目指して立派に仕事に精を出しているとのこと。「今度会って飲みたいですね。」そう書いてくれていました。あのY君が！　いまだに信じられない思いで一杯です。あのときは目の前の1分、1秒にただただ必死で……。

Y君との出会いは今の私を支えてくれている大切な「財産」なのです。

「高学年女子の問題」を決して甘くみるな

最近よく見聞きする「高学年女子の問題」とはどういうものなのでしょうか？　おそらくお年頃になった小学校高学年の女子が、グループ化して対立図式を学級内に持ち込んだり、結束して担任教師に反抗してくるなどのことを指しているのでしょう。この問題に対して、いわゆる「高学年女子」の特性を見極めて対応していこうとすることも勿論大切だとは思います。しかし、学級経営で大切なことは、

いわゆる「高学年女子の問題」は学級経営がうまくいってないときに表れてくる症状の1つである

ということです。

おそらく「高学年女子の問題」が生じている学級では、男子の間にもトラブルが頻発しているはずです。要するに学級全体が落ち着いていない状態にあると考えられます。子どもたちはそのような環境の中では安心して生活していけないことを肌で感じ取り、自己防衛的な言動を取るようになります。それがグループ化であり、乱暴な言動であり、教師への反抗であるのです。

ですから、自己防衛している女子グループだけにシカケを凝らしたとしても多くの場合は奏功しません。学級全体の状態を改善していくことを心がけるべきです。もっと言えば、そのような状態にならないように、４月から学級の子どもたちにシカケを行っていく必要があるのです。

この問題を考えるとき、私は「学級免疫力」という言葉を用います。これは学級を、雑菌の中でも健康に生きていける人間の免疫力に喩えた表現です。学級にはあれこれ些細なトラブルや人間関係のもつれなどは当然存在するのです。あんな狭い空間に何十人もの人間が犇めきあって生活しているのです。当然と言えば当然のことですよね。でも、この「学級免疫力」が高いとそのような些細な問題は顕在化せずに済みます。何故なら子どもたちはそのような問題に関わっているよりもやり甲斐のある物事に集中している方が自分にとって有益であることを知っているからです。

それを前提として、例えば次のようなシカケを女子にすることがあります。

◆女子優先の状況をつくる

いわゆるレディーファーストです。例えば、体育の片づけなどの際に「女子は先に戻っていいです。あとは男子でやります！」といって女子を「優遇」するのです。本校の場合、更衣は男女で教室を入れ替える必要があるので、女子には先にゆっくり着替えてもらえます。男子には日頃から一緒に遊ぶなどの「貯金」もあるので、文句は出てこないことを知ってのシカケなのです。でも、女子が教室に戻ったあと、「少しだけサッカーやって戻ろうぜ！」といって広いグラウンドで遊んで帰ります。こうなるとＷｉｎＷｉｎで、双方満足！という状況になり、子どもたちともよい関係をつくることができます。

◆葉書にその子のよいところを書いて郵送する

また、私は月に１通の葉書を子どもたちに書いて投函します。これは群馬の元小学校教師・深澤久氏の実践なのですが、こうすることで毎月担任から「所見」葉書が届くことになります。ここには子どもが頑張っていることを中心に書いていきます。ある日家に帰ると葉書が担任から届いている。おそらく一番最初にそれを読むのは保護者です。

もし、女子が人間関係で悩んでいて、それでも前向きに頑張っているのなら私は迷わずその健気さを讃え、お礼を書きます。「色々悩むこともあるのに、いつも友達のことを最優先に考えてくれてありがとう。感謝しています」などのようにです。このような葉書を投函しても返事をくれる子は少ないです。でも、学校で会うときの表情は確実に変わってきます。担任はいつも自分のことを見ていてくれる。音声は消え去るけど、葉書なら手元に半永久的に残ります。30名担任しているとして、1ヶ月1500円程度。年間でもせいぜい1万数千円です。この程度のことで子どもたちと信頼関係が構築できるのなら安いものです。

◆女子のトラブルは教師が先走らずに一緒に相談する

何か女子同士のトラブルが発生すると教師は早く解決したいがために、先走ってしまうことがあります。例えば、すぐに当事者を呼び出して「ちゃんとお互いに謝りなさい！」

などと形の上だけの解決を図ろうとしてしまいます。こういう場合はまずお互いにすっきりせずに終わってしまうことが多いもの。

このようなときは焦らずに訴えてきた子の話をじっくり聞いてあげます。きっといろいろな不満などを教師に話してくれます。その後に深刻な状況がない限り、私は次のように聞きます。「それでどうしようか？　あなたの気持ちが一番大切だから、一緒に一番よい方法を考えていこうか？」すると子どもの方から「少し様子を見てみます」などと言ってくれることが多いです。女子は基本的に悩みを聞いて欲しいだけかも知れません。その子の気持ちをまずは最大限に尊重しましょう。そうして様子を見ているうちに自然と解決していたなんてことがかなりあるのです。焦らずに対応したいものですね。

第3章

子ども熱中！「情熱」授業づくり

ウェルカム！ 子どもが来たくなる教室をつくれ

つまるところ、よい学級とは子どもたちが「行きたくてたまらない！」と感じることのできる場所であるはずです。読者のみなさんはどんなところに行きたいですか？　好きな場所はありますか？　例えば温泉旅館はどうですか？　快適な温泉旅館とはどんな感じですか？　きっと内装や温泉が綺麗で、料理が美味しく、女将さんをはじめとする従業員の方々の接客もよいところがいいですよね？　東京ディズニーランドやＵＳＪではアトラクションの見た目も内容も美しく、スタッフの接客も実に丁寧で快適ですよね？　学校がそんな魅力的な場所であればいいですよね？

また、逆に不登校というのは「行きたくない！」と感じる状況のある学級で起こることが多いようです。不登校が100％外的環境を要因として誘発されるとは考えていません。ストレス耐性の弱さなど本人の問題も要因の大きなウエイトを占めることも事実です。多少のストレスに打ち勝ち、困難を乗り越えていける精神的な強さも生きていく上でとても大切です。

しかし、それを承知の上で、やはり教室が子どもたちにとって魅力的な場所である必要性は非常に高いと考えています。殺風景で教師も子どもたちも暗く乱暴な教室に誰が好んで行きたがるでしょうか？

さて、ひとことで教室の環境と言っても、その構成要素はいくつか存在します。私は大きく3つあると考えています。「物的環境」「人的環境」「授業環境」の3つです。順次説明します。

①物的環境

ざっくり言えば教室に存在する「物（モノ）」です。私の教室には例えば次のようなものがあります。

◆土作文庫……私が私費で購入した本200冊ほど。教育マンガが人気です。他にも代表的な作家（夏目漱石・芥川龍之介・太宰治）の全集などもあります。ＢＯＯＫ　Ｏ

ＦＦなどで購入するとお得です。

◆将棋盤……20セットあります。クラスの子どもたちが同時に対戦できます。

◆早押しピンポンブー……ネットで購入できます。放っておくと子どもたちが勝手にクイズ大会を始めます。

◆風船爆弾ゲーム……これもネットで購入しました。風船をセットすると40秒後に仕掛けられた針で風船が割れます。スリルがあって大盛り上がりです。

◆子どもたちの写真……成功したクラスのイベントや、友達のために頑張っているときの姿などを撮っておき、掲示していきます。いわゆる「成功の可視化」です。子どもたちはこのような写真を毎日目にすることで、望ましい行動のイメージをいつも持ち続けることができます。

◆教師のメッセージ……授業などで教師が子どもたちに話したメッセージを画用紙などに書いて貼っておきます。例えば、「大切なことはたいてい面倒くさい」「克己心を持て！」「敵は誰？　自分です！」などです。写真と同じく子どもたちはこれらのメッセージを見るたびに教師の指導を思い出します。音声は瞬時に消えてなくなるばかりか、いずれ忘れ去られます。教師自身も自分が指導した言葉に常に立ち戻ることができます。

②人的環境

これは子どもたちがお互いを大切にできる人間関係にしておくことと言えます。そのためには常に子どもたちを望ましい関係で繋げていく必要があります。授業でも授業外でも「お互いに学び合えてよかった！」と思える瞬間を意図的につくり出していくのです。

また教師も子どもたちにとって魅力的な存在であり続ける努力を惜しんではなりません。

③授業環境

小学校教師は年間で１０００時間もの授業をします。その中で子どもたちに「面白い！」「わかる！」「できる！」という実感を持たせることのできる努力をするのです。また、②の「人的環境」の中でも触れましたが、授業の中で「この友達と学び合ってよかった！」と感じられる仕掛けを仕組んでいきます。後述しますが、大人だって長時間続く退屈な授業には拒否反応を示すものです。見通しをつけて知的に快適な時間、空間にしていくのです。

上述した3つの環境を整備して子どもたちが「早く行きたい！」と思えるような教室にしていきましょう。でもそのためには教師自身が大いに学んで面白い授業ネタをゲットしたり、身銭を切って物を購入する必要があります。かの斎藤喜博は教室環境に給料の数ヶ月分をつぎ込んでいたそうです。そんな環境をつくることは確かに骨は折れますが、子どもたちの笑顔が見られるのなら、そんな苦労は大したことではありません。

授業でガッチリ子ども同士を繫げよ

子どもたちの人間関係を早い時期から構築していくシカケが必要です。学級開き2日目になれば、何かと子どもたちに発問を出し、答えさせるシーンが出てくるでしょう。例えば「入学式で身につける力にはどんなものがありますか？」などです。このとき、自らの哲学に立ち戻り、子どもたちがどのような姿になればよいのかをイメージして指導にあたることが大切です。例えば、先述した通り私は「自らを磨き、他を思いやる子ども」を育てたいと考えています。次のような具体的なイメージを持っています。

・話し手は聴く人の方を見て、わかりやすく話している。
・聴き手は話す人の方を見て、「しっかりあなたの話を聞いてるよ」というメッセージを送っている。

すると、例えば次のような指導を入れることになります。

◆話し手に対し

話す子から一番離れている子の傍に教師は立ち、「一番遠くに離れている○○君が一発で聞き取れるような声でわかりやすく話してごらん。」

◆聴き手に対し

「聴く」とは3つの「く」をすることです。それらは次の3つです。

①「向く」→話す子の方にしっかり身体を向ける。

②「書く」→必要に応じてメモを取る。

③「頷く」→話す内容に対し、頷くなどの反応をする。

◆「共に学ぶ意義」を考えさせる宿題を出す

帰り際に連絡帳を書く際に子どもたちに次のように言います。

「早速ですが今日は宿題を出します。」

子どもたちは「ええっ？」という反応を示すでしょう。でも構わず次のように言います。

「大丈夫です。とっても簡単な宿題です」と言って懐から封筒を取り出します。そして

「この中に数字を書いた紙が入っています。その数字が何かを当ててきて欲しいのです。簡単ですよね～。何か質問はありませんか？（例えば「135」という数字にしておきましょう。）」

おそらく「何桁ですか？」などの質問がでるでしょう。（出なければ「何か質問があるよねえ」などと自分で振って自分で答えればよいのです。）そこで「数字っていくつあるんだっけ？　そう、無限だよね。だから桁数はわかりません」と答えます。「ええっ！無理だよ！」と子どもたちは言うでしょう。「まあ頑張ってきてね。二十四時間あればわかるって！」と返しても子どもたちは釈然としない様子です。そこで次のように聞きます。

「この宿題は不可能に近いと思う人？」おそらく全員の手が挙がるでしょう。そこで教師は次のように言います。

「でもねえ。その不可能があっという間に可能になるんです。はい、○○君！　何だと思う？」と言って近くの子を当てます。できれば最前列の子がいいです。するとその子は「24」などと答えるでしょう。即座に「違います。もっと上！」と言って次の子を指名します。「100」と言ったら「惜しいなあ。もう少し上！」とヒントを出しながら言いながら次々当てていきます。すると一分足らずで「正解」の135という答えが出されるはずです。子どもたちからは自然と拍手が起きるでしょう。

さて大切なのはここからです。次のように問いかけます。

「先ほど、これは不可能だ！と思えたことがわずか数分で可能になりましたね。なぜですか？」

子どもたちからは色々な意見が出されるでしょう。大切な答えは次の5点です。板書します。

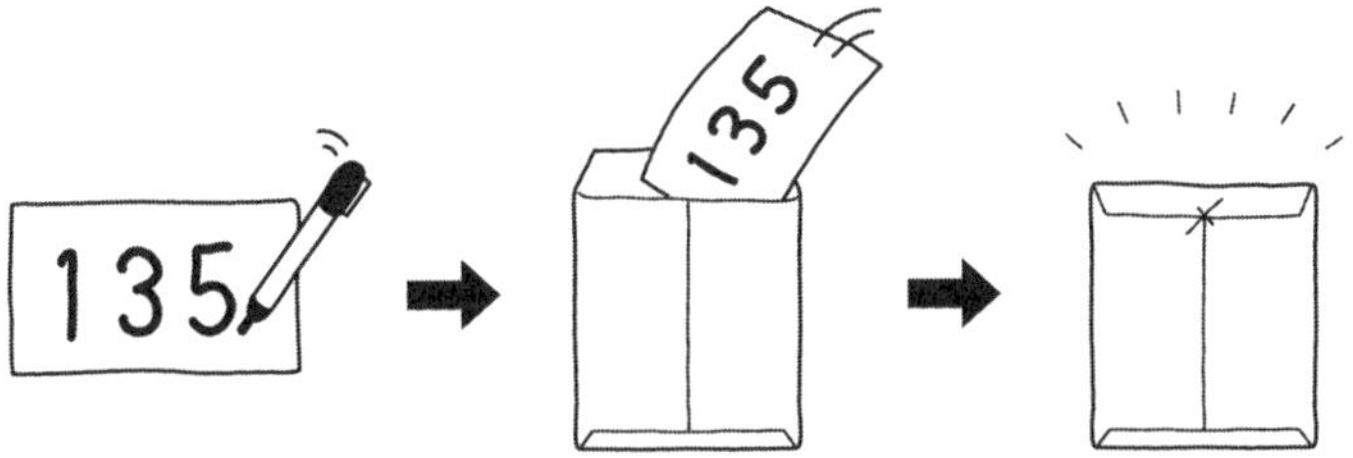

封筒の作り方

①答えを発表した。
②友達の答えを聞いた。
③先生のアドバイスを聞いた。
④考えた。
⑤間違いを怖れずに発表した。

「そうです。家で自分一人でいくら考えても答えには行き着きませんが、みんなで考えて先生の話を聞いて失敗を怖れず発表すれば、不可能でも可能にすることができるのですね。それが学校で友達みんなで学び合う意義なのです。自分のことを賢くしてくれる友達を大切にしましょうね」と締めくくります。これを翌日の授業のあらゆる場面で貫徹していくのです。

授業最初の5分はゴールデンタイム、最高のロケットスタートを

子どもたちは45分の授業をどのようなものと受け止めているでしょうか？「また45分もやるのかあ。嫌だなあ」なのか、「あっという間に終わるから心地よい！」なのか。どちらの方が学級経営に好影響を及ぼすかについて論議の余地はないでしょう。いわゆる崩壊学級は前者のような授業の連続が生み出した結果であると考えられます。では、後者のように子どもたちに「あっという間に終わった！」と思わせる授業をするためには何が大切で何が必要なのでしょうか？　それは最初の5分間だと言えます。この5分間は残り40分間よりもはるかに大きな意味を持ちます。ここで一気に授業のペースに持ち込めるか？ここが大切なのです。

◆チャイムと共に授業開始！

盟友中村健一氏がセミナーなどでいつも強調することです。チャイムが鳴ったとき教師はどこにいるのか？　教壇の前で待ちかまえておくのです。特に学級開きの時期には学習習慣確立のために、また教室内の秩序維持のためにとても大切なことです。

最初は「起立、礼、着席！」という号令からスタートしてもいいでしょう。でも、その数秒さえも実にもったいないというのが私の考えです。挨拶は朝一回と帰り一回の合計1日2回だけにして、授業はいきなり学習活動に入るのがいいでしょう。

私の学級では暗唱から始まります。チャイムのラストコール（最後の鐘の音）と共に号令担当の子が「起立！」と号令をかけます。そして「日本国憲法前文！」という合図と共に全員での暗唱が始まります。数個の暗唱教材を繋げてもいいでしょう。そうして「着席！」。ここで子どもたちのスイッチはＯＮになります。

◆間髪を入れずに次のメニューへ突入

続いて号令担当の子によって次のメニューがコールされます。例えば、「白地図トレーニングを始めます！」「はいっ！」といった感じにです。このトレーニングは白地図に国名や首都名などを地図帳を見ながら次々記入していくのですが、子どもたちは黙々と集中して作業を継続していきます。

この後も様々なメニューを短時間で行っていきます。本章で各教科・領域での具体的な実践を紹介しています。是非お試しください。また、ご自分で開発されてみてください。この授業構成論は東京の杉渕鐵良氏の開発された「ユニット学習」に学ばせていただきました。子どもの集中力を高める実に優れた有効な方法です。興味のある方は是非ユニット学習も学ばれてみてください。

しかし、ここで留意点があります。それは本で読むのと実際の授業とのギャップです。ここでユニット学習への私の考えを示しておきます。

初めてユニット学習をこの目で見たのは２００９年6月のことです。当時東京・綾瀬小学校に勤務されていた杉渕先生の学級を参観させていただいたのです。杉渕先生のユニット学習の概略については以前から神戸のセミナーで伺っていたのですが、是非実際に杉渕学級の子どもたちの姿を見たいと思い、無理を言って参観をお願いしたのでした。

参観後の率直な感想、それは「聞くと見るとでは大違い」ということでした。「子どもたちの発する声や動きの生み出す空気分子の激しい動きに圧倒された」というのが第一印象です。これは実際に見た者しかわからないことです。子どもたちはここまで全力を出して課題に取り組むのか？　大きな衝撃を受けたのを思い出します。

杉渕学級を参観するまでにもセミナーで教えていただいた暗唱やフラッシュカードなどを行ってはいました。しかし、それらは机上の空論というか、レベルがあまりに違いすぎることに気づかされました。参観後は、次の点に留意して指導するようにしました。

・始まりの返事や起立の様子から「本気」は伝わってくるか？
・声量は全力か？
・表情と視線から「本気」は伝わってくるか？
・テンポは心地よいか？
・次のメニューへ移るときにスピード感はあるか？
・それらユニット学習で身につけた力が他の学習場面に活かされているか？

最後にユニット学習の効果的な点をまとめてみます。

まずは短いメニューを次々と行う点です。私は新卒の頃からラグビースクールのコーチをしています。指導の際の「常識」として「同じメニューを30分続けるよりも、3種類のメニューを10分ずつ行ったほうが効果的」という考えがあります。今時の子どもたちは集中力が弱いです。集中力を持続させ、しかも効果を確実に上げていける要素がユニット学習にはあります。スポーツも勉強も「脳の力を高めるために脳に刺激を与えるという行為」であるという点では全く同じです。

次に脳へのインプット力が優れているという点です。「脳の機能は構造が決定する」という考えがあります。脳の構造を決定づけるのはインプット力であり、それは「頻度」×「強度」という公式で決定されます。ユニット学習は、まさに脳の機能=アウトプット力を高める、理に適った指導法と言えるのです。

教師の武器は「すべらないネタ」だ！

あちこちのセミナーで特に若手の先生方に言うのですが、教師にとってすべらない上質のネタは持っているだけで大きな「武器」になります。それが誰かの先行実践であってもいいのです。子どもの前ではいかにも「私が開発した！」という顔で実践するのです。「すべらない＝知的好奇心を喚起する」ネタは子どもとの信頼関係を構築します。教師の知的権威を確立できるからです。

例えば、私は授業開きでは各教科・領域のとっておきのネタを子どもたちと楽しみます。知る人ぞ知る「真空ポンプネタ」はその1つですが、授業後子どもたちは必ずポンプを触りたくて前にやってきます。「先生！　空気抜いていい？」とか言ってたくさん集まってきます。子どもを惹きつけた証拠ですね。「ああ、いいよ！　やってごらん！」そういってやらせてあげるのです。もうこれだけで子どもたちは先生のことを大好きになります。
またこの「真空ポンプネタ」ではマシュマロを瓶に入れて空気を抜くという実験をします。マシュマロは多めに買っておき、子どもたちに食べさせてあげます。マシュマロなんて安い物ですが、普段授業中にお菓子を食べられることなんて滅多にないから子どもたちは大喜びです。非日常をとっても魅力的に思うのですね。子どもって。すると、もうマシュマロ1個で子どもたちは先生への「ご恩」を忘れません。

また算数では「かけ算の秘密」というネタを紹介します。これはあまりにも当たり前となっているかけ算に秘められた「びっくりネタ」なんですが、子どもたちは最後に「へえっ！　すげえ！」という表情になります。既習の内容にある秘密というのも大いに子どもたちとの信頼関係構築に役立ちます。「先生！　すごい！」となるからです。

学級活動でもとっておきのネタがあります。名前はないのですが、まあいうなれば「雪合戦」の体育館版ですね。玉は運動会で使用する玉入れの玉を使います。跳び箱を盾に玉に当たらないように前進して相手陣のボールをゲットすれば勝ちです。

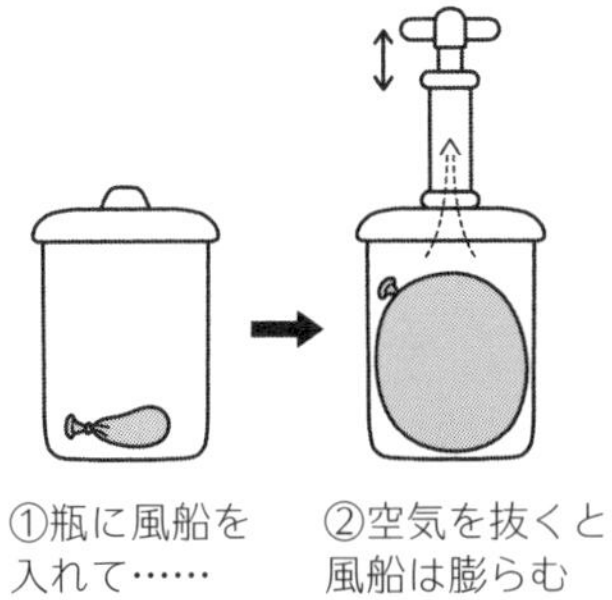
①瓶に風船を
入れて……
②空気を抜くと
風船は膨らむ

▲真空ポンプネタ

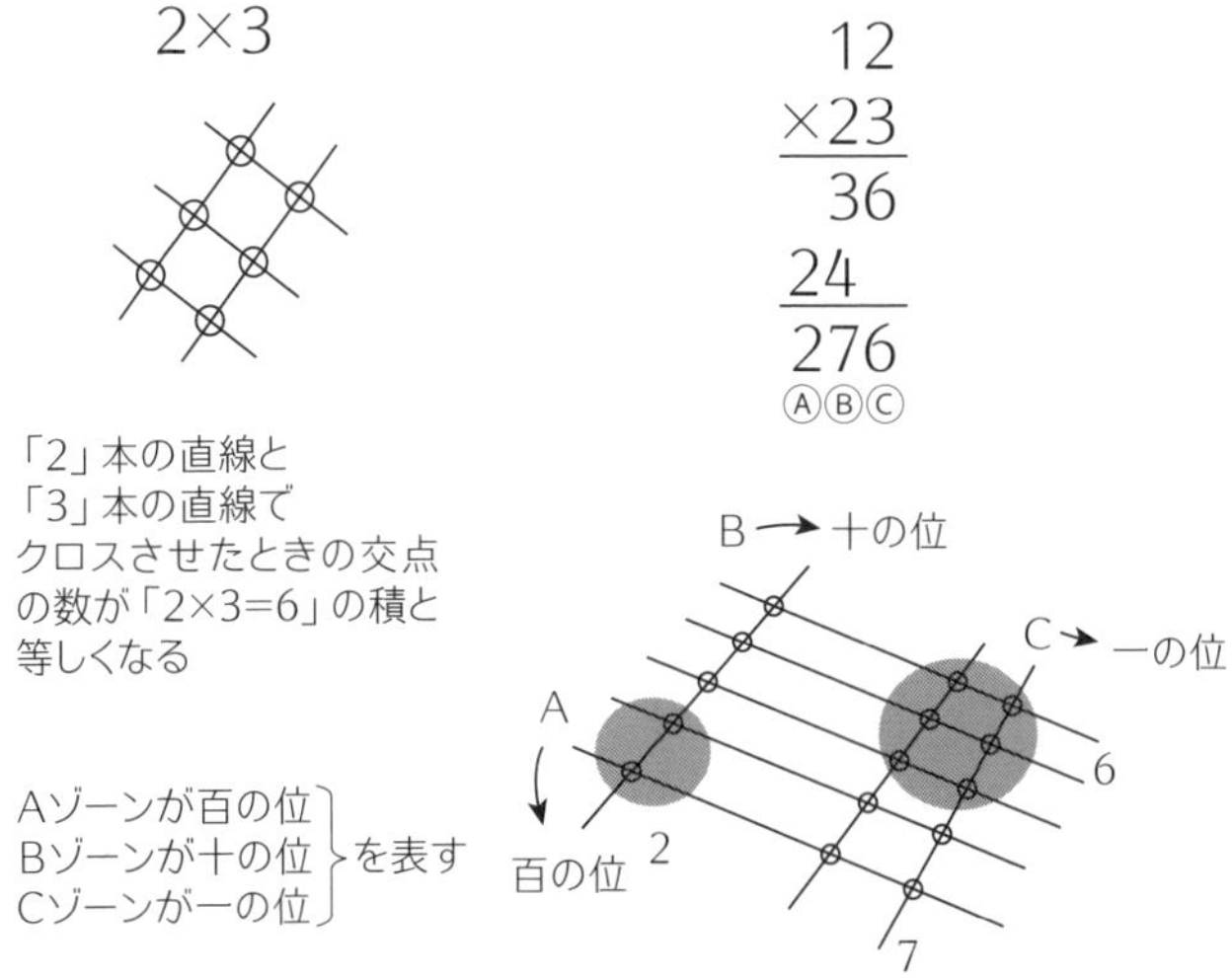
2×3
「2」本の直線と
「3」本の直線で
クロスさせたときの交点
の数が「2×3=6」の積と
等しくなる
12
×23
36
24
276
ⒶⒷⒸ
B → 十の位
C → 一の位
A
百の位
2
6
7
Aゾーンが百の位
Bゾーンが十の位
Cゾーンが一の位
を表す

▲かけ算ネタ

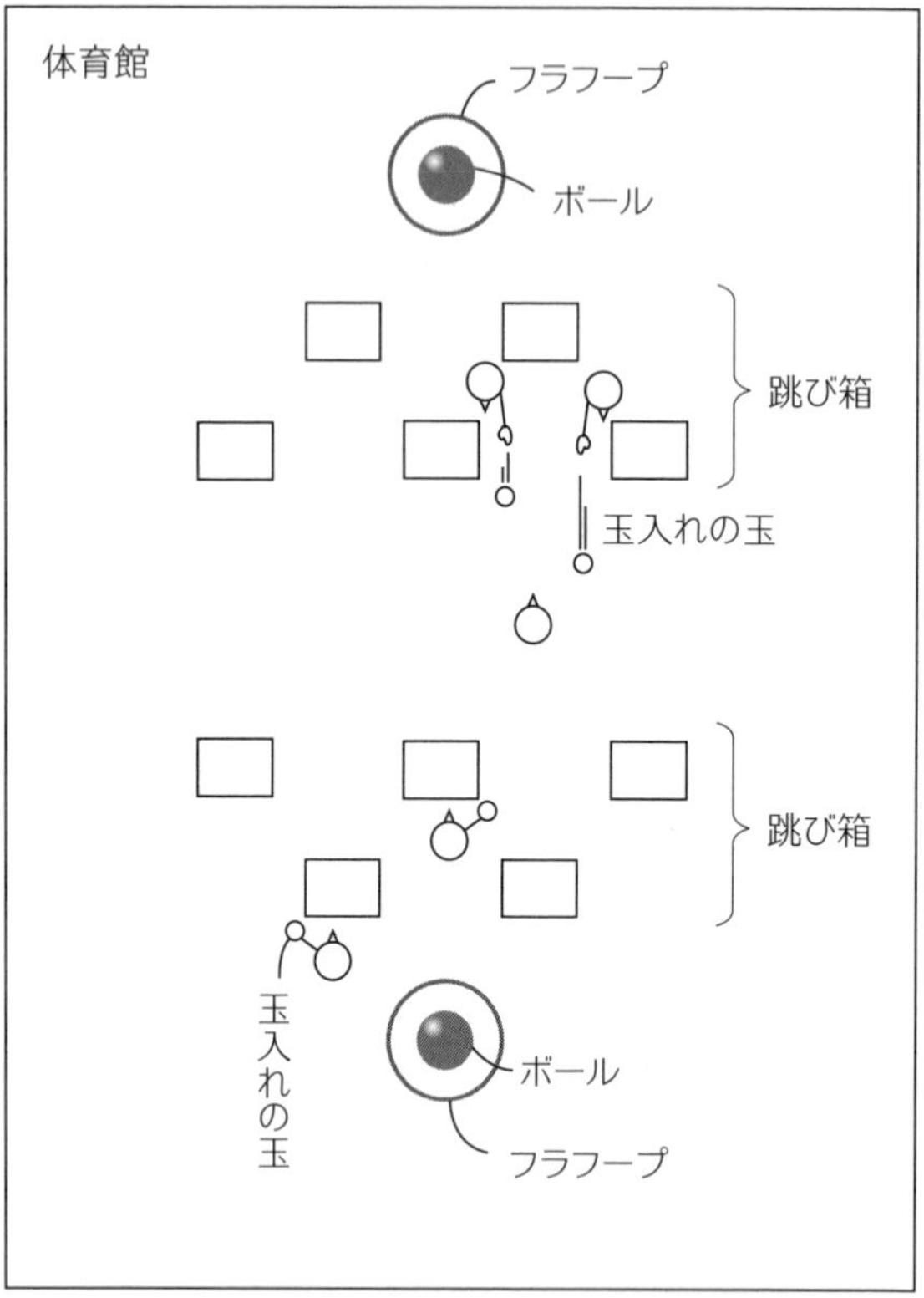

▲雪合戦のネタ　跳び箱を盾に、玉入れの玉をよけながら前進し、相手陣内のボールを先にゲットしたチームが勝利。

どうですか？　こんなネタを次々繰り出す先生と学校生活を送りたいと思いませんか？　大人でもワクワクするでしょ？　子どもたちにとって面白くないわけないですよね。

さあ、たくさんネタをゲットしましょう！

面白い→わかる→できるの授業3段階をクリアせよ

子どもたちとの信頼関係は、面白い授業→わかる授業→できる授業の順に強く結ばれていきます。言い換えれば、惹きつける授業→理解できる授業→達成感を感じられる授業ということになります。順次説明します。

◆面白い授業

すでにいくつか紹介してきましたが、学級開きなど、子どもたちとの出会いの時期にはまず子どもたちの目を教師に釘づけにするインパクトが必要です。ここで子どもたちを失望させてはその後1年間、非常に苦しい展開になります。

私は新学期でドタバタしている時期には手軽で簡単なネタを紹介します。例えば「色変わりペットボトル」です。これはペットボトルの色が瞬時に変わる手品です。タネは実に簡単です。

さらに「追い打ち」をかけます。ペットボトルの色水を紙コップに注ぎます。そして、「この色水をかぶれる子はいますか？」などと聞きます。殆どの子はドン引きですが、多くの場合やんちゃ君が「俺やる！」などと志願してくれます。「おっ！　いいねえ。じゃあ前に出て来て！」と言って前へ呼びます。「回れ右」と言って教室の後ろを向かせます。みんなの注目を一気に受けている状態です。ここで頭の上に先ほどの紙コップをかざします。教室は「えっ？　まさか！」という雰囲気で包まれます。「１・２・３！」でコップをひっくり返します。すると……。何と水は全くこぼれません。高吸水性ポリマーという物質を紙コップ底に仕込んでおいたのです。ポリマーはナリカ（中村理研）などのＨＰから購入可能です。

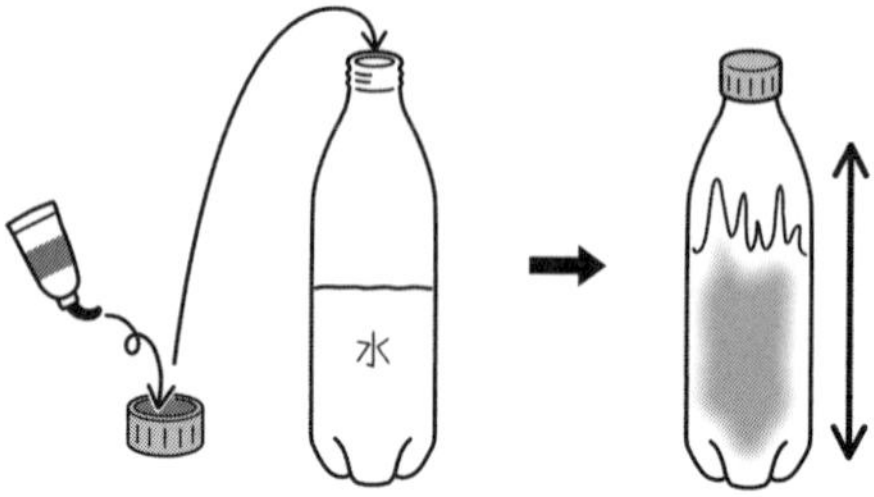

▲色変わりペットボトルの仕掛け

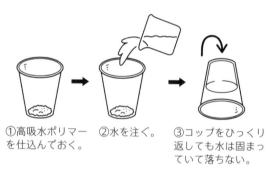

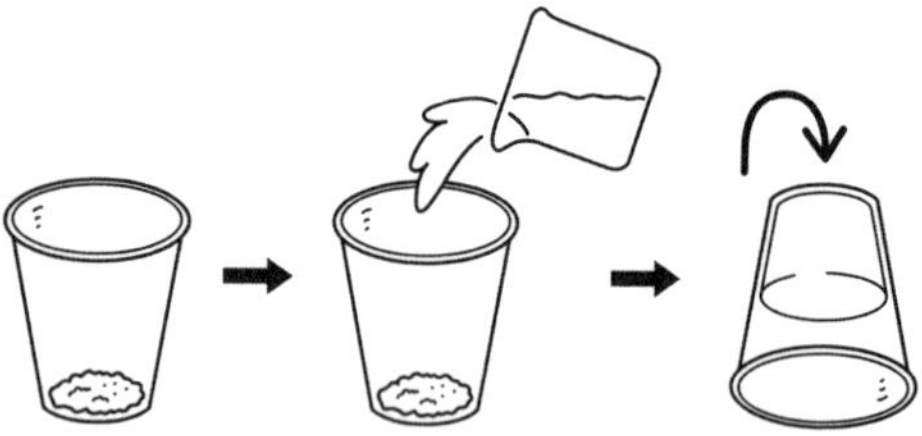

▲ポリマー実験

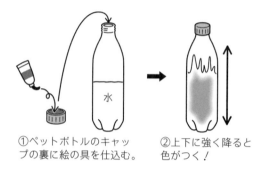

◆わかる授業

これができることは、学校の教師として当然の力量と思われていながら、できる人は実に少ないのが現実です。「わからない」授業は確実に子どもたちとの関係を悪くしていきます。「美味しいラーメンを食べにきたのにまずかった」という感じです。二度とその店には行きませんよね？

でもこの「わかる授業」をするにはちょっとしたコツを学んで知っているかどうかがポイントとなります。例えば地図の方角の指導です。地図で上が「北」というのはわかりやすいですよね。その反対が南です。ここまではあまり難易度は高くない。子どもたちにとっての障壁は「どっちが西でどっちが東か」です。これを教師ならどのように指導しますか？　次のように黒板に書いて説明します。

「北」という字を2つに割ったとき、カタカナの「ヒ」がある方が「東」になる。

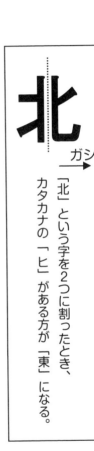

どうですか？　めっちゃわかりやすいでしょ？　これ、私のオリジナル実践です。こんなネタは知っているか知っていないかだけの話です。たくさんゲットしましょう。

◆できる授業

最も子どもたちとの信頼関係を確固たるものにするのがこの授業です。一番効果覿面なのがプールでの水泳指導です。

例えば5年生を担任したときのことです。私の勤務校ではスイミングへ通う割合は少なく、約5割の子が25メートルを泳げません。全体の人数にして50名ほどです。私は週2時間×5週の水泳指導でその内9割を25メートル完泳させることができます。そのためのノウハウは持っています。残念ながら毎年数名は達成できません。極度の水恐怖症などの子です。それでも最初に比べて数倍は泳げるようになります。どの子も達成感をすぐに感じられるので、泳ぎ切った後とても素敵な笑顔になります。

驚いたことに私が指導して泳げるようになった他のクラスの子が、それ以降廊下ですれ違うときに会釈をしてくれるようになりました。「できる」達成感を味わわせることはここまで人間関係に好影響を与えるのですね。

子ども熱中！「国語」授業のアイデア

次のような流れで授業を構成します。

①部首なぞり
②漢字50問なぞり
③漢字フラッシュカード

①部首なぞり（1〜2分）

漢字ドリルの部首の部分をマーカーでなぞっていきます。その際に「てへん」、「のぎへん」などと声に出させます。こうすることで小学校で学習する漢字の部首を短期間で覚え

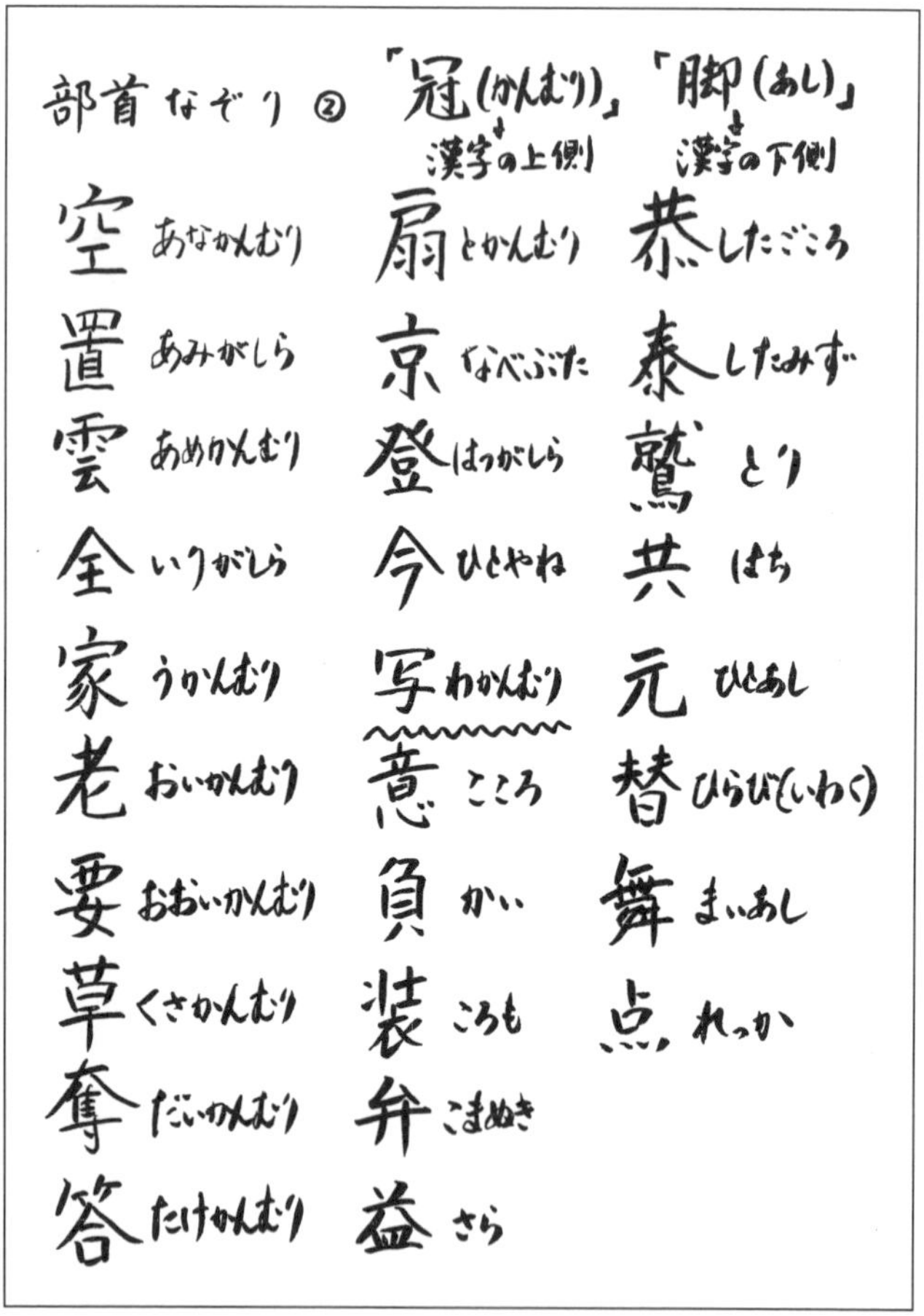
部首なぞり②　「冠（かんむり）」 漢字の上側　「脚（あし）」 漢字の下側

空　あなかんむり	扇　とかんむり	恭　したごころ
置　あみがしら	京　なべぶた	泰　したみず
雲　あめかんむり	登　はっがしら	鷲　とり
全　いりがしら	今　ひとやね	共　はち
家　うかんむり	写　わかんむり	元　ひとあし
老　おいかんむり	意　こころ	替　ひらび（いわく）
要　おおいかんむり	負　かい	舞　まいあし
草　くさかんむり	装　ころも	点　れっか
奪　だいかんむり	弁　こまぬき	
答　たけかんむり	益　さら	

▲部首なぞり　漢字ドリルにない部首は自作のプリントで補いましょう。部首の部分をマーカーでなぞって練習をします。

ることができます。しかし、漢字ドリルにある部首だけでは数は大したことがありません。「旁（つくり）」や「冠（かんむり）」、「足（あし）」なども指導したいものです。そこで、前頁のようなプリントを作成し、たくさんの部首を学習できるようにしました。こうすると例えば「のぎへん」に「とます」で「科」という漢字がイメージしやすくなります。このような知識を覚えることは将来漢字を覚えていく際に大きなモチベーションとなります。

②漢字50問なぞり（3〜5分）

これは市販の国語テストを使用します。学期末の「漢字50問まとめテスト」というシートです。この答え版を印刷して子どもに配ります。そうして1回目はその字をなぞり、その横に1回書きます。最後まで行ったら最初に戻り、今度は辞書を引いたり、ドリルを見たりしてその漢字を含む熟語を横に書いていきます。3回目はその調べた言葉の意味を辞書で調べ、書き写していきます。それ以降はまたその繰り返しです。シートが真っ黒になったら新しいのに交換してあげます。真っ黒シートは掲示したり、紹介したりして子どもたちのモチベーションを上げていきます。これにより次の利点があります。

◆何度も繰り返してなぞったり書いたりするので自然に新出漢字を覚える。

◆新出漢字を熟語とともに覚えてしまう。1文字だけ覚えても無意味。どのような熟語として使用されるのかを知ることができる。辞書を引く力もつく。

◆辞書から正しい文法の文を書き写すので、文章力がアップする。

③漢字フラッシュカード（3分）

難読漢字を書いたフラッシュカードを次々読んでいきます。次のような種類があります。

【国名】亜米利加　英吉利　仏蘭西　独逸　諾威（ノルウェー）など

【野菜】西洋唐辛子（ピーマン）　甘藍（キャベツ）　赤茄子（トマト）など

【魚】鯛　鰯　鮭　鰤　鯨など

④音読教材

大きな声を出す練習です。「高学年になると大きな声を出さないからねえ」というのは指導力のない教師の言い訳です。子どもたちが意欲的に声を出すようになる教材を開発すればいいのです。私のお薦めは次頁の面白音読シートです。お笑いの要素をふんだんに取り入れました。是非お試しください！

▲フラッシュカード

音読教材①

（家庭編）
おはようございます。
こんにちは。
こんばんは。
いってきます。
ただいま。
いただきます。
ご馳走様でした。
お休みなさい。
お風呂になさいますか。
それともお食事になさいますか。

（商売編）
いらっしゃいませ。
まことに申し訳ございません。
本日は午後7時までの営業となっています。
なお、開店は明日の午後6時となっております。
1時間だけの営業かい！
次は五位堂〜五位堂〜。
五位堂の次は八木に止まるかも。
ご注文は何になさいますか？
ご一緒にポテトなどいかがですか？
ワンコーラ　ワンチーズバーガー　プリーズ。

▲面白音読シート

子ども熱中！「社会」授業のアイデア

国語と同様に次の流れで授業のペースをつくります。

①国旗フラッシュカード～高速でインプット～
②歴史人物フラッシュカード
③社会常識暗唱
④47都道府県暗唱
⑤アメリカ50州暗唱
⑥白地図トレーニング

①国旗フラッシュカード〜高速でインプット〜

授業が始まるやいなや私は教室の隅へ行き、フラッシュカードを始めます。フラッシュカードは市販されているもので十分です。アマゾンなどの通信販売が便利で、1セット3000円程度です。いっぺんに100枚以上もやるとだれるので、私は地域別（アジア編、ヨーロッパ編などのように）に数十枚ずつ行ってます。

②歴史人物フラッシュカード

資料集などにある歴史人物の肖像をデジカメなどで接写し、パソコンに取り込んで出力、ラミネートして使用しています。教科書に登場する人物の他に芸能人などのカードを入れ込んでいくと面白いです。例えば木戸孝允。実に石原裕次郎に似ています。そこで、「木戸孝允」↓「石原裕次郎」という流れでカードを見せていきます。子どもたちは大喜びです。その後は「ゆうたろう（石原裕次郎専門のモノマネ芸人）」↓「イチロー」↓「キンタロー。」↓「北島三郎」↓「ケンシロウ（北斗の拳）」↓「ラオウ（同じく北斗の拳）」というう具合にレパートリーを増やしていきます。

③社会常識暗唱

これは巻末にある暗唱教材をひたすら読むだけの簡単かつ効果絶大の指導法です。「暗唱教材を読みましょう！」のかけ声とともに声を合わせて読んでいくだけです。しかし、数ヶ月で子どもたちは基本的な地理的情報を暗記してしまいます。これらの情報は6年生の学習だけでなく、中学校へ行ってからも役立ちます。特に面積の広い国や人口の多い国のトップ10くらいは基本的な教養として身につけておいてほしいものですね。最近はアマゾン川やナイル川などがどこの国にあるのかすら答えられない大学生がたくさんいるそうです。子どもたちには言う。「この情報を的確に言える大学生や大人はほとんどいないよ。ここの部分だけでは大人を超えような！」と激励します。子どもたちは教科書レベルよりもほんの少しハイレベルの内容に興味を示してくれます。

④47都道府県暗唱

これもいろんな指導法が提案されていますが、次のように淡々と暗唱していく方法でやっています。

(1)号令係の子が「四国地方！」と大きな声で言う。
(2)他の子たち全員が「四国地方！　香川、徳島、高知、愛媛」と声を合わせて言う。
(3)この要領でその他の地方についても分割しながら暗唱していく。
(4)最後は号令担当の子が「Ready GO!」と号令をかけると、可能な限り速いペースで暗唱していく。終わったら「はいっ！」と挙手して座っていく。

覚えさせ方には工夫が要ります。最初は地図を見ながら言わせていくのですが、例えば四国地方なら、次頁のような図を書いて、暗唱する順番の説明をします。これなら暗唱時に頭の中で日本地図を思い浮かべることになり、日本地図の感覚もあわせて体得できるので一石二鳥です。

⑤アメリカ50州暗唱

これは市販のCDを利用します（『うたって覚えよう！　えいご&にほんごMIX・アメリカ50州おぼえうた』）。やはり暗唱は声に出して繰り返しインプットしていくに限ります。

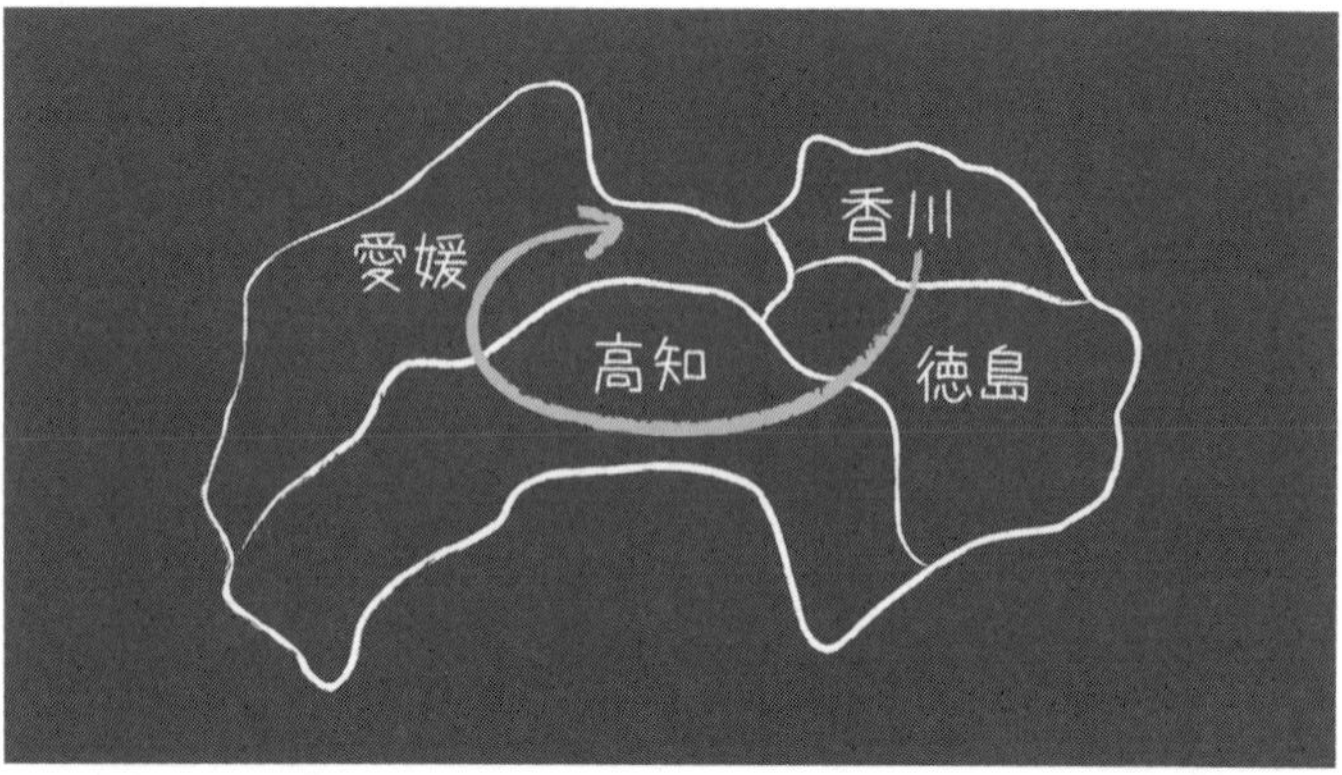

四国地方は、香川→徳島→高知→愛媛の順にイメージして暗唱します

CDをかけ、後は印刷した歌詞カードを声を合わせて読むだけです。一回目はゆっくり、2回目はハイスピードバージョンで収録されていて、楽しく取り組めます。

終わったら、「お互いにアメリカの州を10個言い合って座りましょう」などの指示を出してペアトレーニングなどによる「復習」をさせます。早ければ2ヶ月ほどで歌を覚えてしまう子が続出します。

⑥白地図トレーニング

これは、あらかじめ用意した白地図に国名や首都名などを地図帳で確認しながら記入していくものです。子どもたちは黙々と取り組み集中力がつきます。

子ども熱中！「算数」授業のアイデア

これも開始から5分で子どもたちを授業に引き込む工夫をします。
次のような流れにします。

①100マス計算などの反復学習
②終わったら裏に追加問題
③T（Teacher）問題
④教科書の内容
⑤定着確認問題

①100マス計算などの反復学習

市販の100マス計算でもいいですが、お薦めは杉渕鐵良氏考案の「10マス計算」です。100マスでは計算が苦手な子は意欲をなくします。でも10マスなら短時間でやり終えることができるので達成感があります。（参考『10マス計算ドリル右利き用（左利き用）』杉渕鐵良著　学習研究社）

また教師が10問ごとに時間を区切ることができるので、子どもたちを授業開始早々にペースに乗せることができます。

この他にもいろんな計算シートが市販されていますし、場合によっては自作するのもいいでしょう。

②終わったら裏に追加問題

このシートが終わったら裏面にやる課題を出しておきます。私は11の段から19の段までの答えを次々書いていくというものにしています。円の学習をするときには、「3．14」の倍数などにも取り組ませます。計算時のミスが減ります。

③T（Teacher）問題

②にチャレンジさせている間に、前時の復習問題を数問板書しておきます。数分自力でチャレンジさせます。早くできた子数名に黒板に解き方と答えを書かせます。他の子にはその解き方と答えをノートに綺麗に書かせます。

あまりたくさんやらないことです。多くても3問程度。でも毎時間やると効果的です。

④教科書の内容

この時期はオーソドックスな方法で授業を行うことをお薦めします。いわゆる教科書の「赤本」と呼ばれる指導書をそのままやってみるのです。先輩の先生にもガンガン教えを請いに行きましょう。発問も指示もすべて書かれています。新卒から数年は教科書を自力でやってみること。その上で見えてきた問題点を改良しながら、効果的な指導法を追試したり、編み出したりしていくのです。

⑤理解度確認問題

その日の学習が終わったら、最後は必ず理解度を確かめる問題を出します。できたら教師のところまで持ってきて、正解なら授業を終われるというシステムにします。

このときに「ノートの出し方」「お礼の言い方」「並び方」「綺麗なノートの書き方」などもあわせて指導します。具体的には次のような評価規準を持ちます。

◆学習習慣をきっちり指導する

特に算数のような積み上げが大切な教科では学習習慣をしっかり定着させることが学力の定着に不可欠です。

◆ノートの出し方

教師が見やすいようにノートの向きを変えさせます。そして「お願いします」と言わせます。当然の礼儀です。できていなければやり直しさせます。

◆お礼の言い方

見てもらったら「ありがとうございました」とお礼を言わせます。できなければやり直しさせます。

◆並び方

列ができても静かに待たせます。うるさくなったら一旦席に戻してやり直しさせます。世の中に出れば、我慢して数十分待たなければならないこともあるのです。辛抱することを教えるチャンスです。

◆綺麗なノートの書き方

これも予めお手本を配っておくとよいでしょう。マス目を利用して綺麗に書けていればOKです。汚いと感じたらやり直しを命じます。

子ども熱中！「理科」授業のアイデア

理科の面白実験は子どもたちの心をゲットするのに最適なツールです。ネタがたくさんあるほど、子どもたちのハートは釘づけになります。数ある「スベらない」ネタからいくつか紹介します。

①衝撃吸収シートに卵を落とす！
②卵の上に乗る！
③ビール瓶の破片の上に寝る！

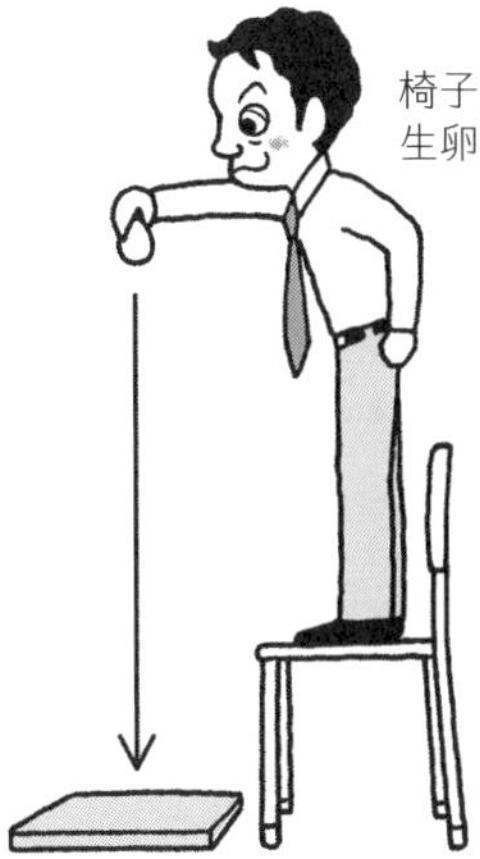
椅子などに上がって
生卵を落とす。
衝撃吸収シート

▲衝撃吸収シート実験イメージ

ネタ① 衝撃吸収シートに卵を落とす！

これはネットの通信販売で簡単に入手できます。少々値段ははりますが、子どもたちの笑顔には代えられません。（参考「衝撃吸収シート βゲル」理化学機器のりかほう社）

実験はとても簡単で、椅子の上から生卵を衝撃吸収シートに落とすだけです。まず、1回目はわざとねらいを外し失敗するといいでしょう。床には新聞紙を敷いておきます。実際問題、シートに卵をピンポイントで落とすこと自体とても難しいので、よい練習になるのです（笑）。

2回目はバッチリ決めましょう！　高いところからシートに向かって卵を落としても割れない、ただそれだけの現象ですが、子どもたちからは歓声が上がること間違いなしです。

ネタ② 卵の上に乗る！

卵パックの上に乗ります。卵1個で7kgの重さに耐えられるそうです。20個なら140kgになります。卵の殻の形が上からの重さに強いこと、トンネルの出入り口の形に似ていること、重さが20個で分散されることなどを話してあげましょう。

ネタ③ ビール瓶の破片の上に寝る！

おもむろにビール瓶を取り出し、ハンマーで割ります。見せるときにはタオルなどを巻いて破片が飛び散らないように気をつけます。

そうしていくつか大きめの破片をタオルの上に並べ、その上に上半身裸になって横たわります（したがって女性の先生にはキツいですね！）。

その上にブロックをのせ、さらに煉瓦をのせます。そうして誰か一人の子にハンマーで煉瓦を割らせます。

起きあがり、背中を向けて無傷であることをアピールしてください。

（出典『いきいき物理わくわく実験』愛知・岐阜物理サークル編著　新生出版）

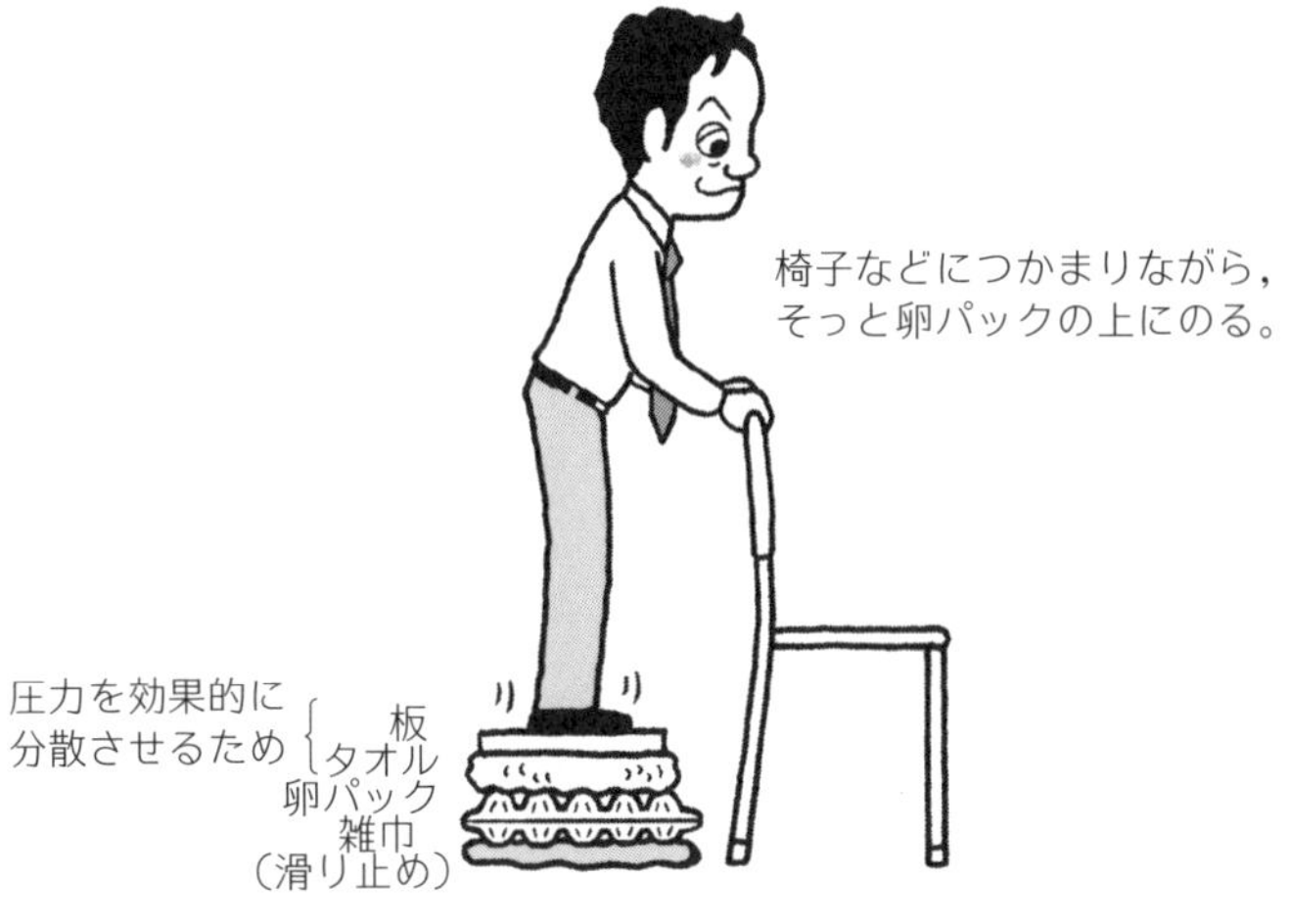

▲卵の上にのる実験

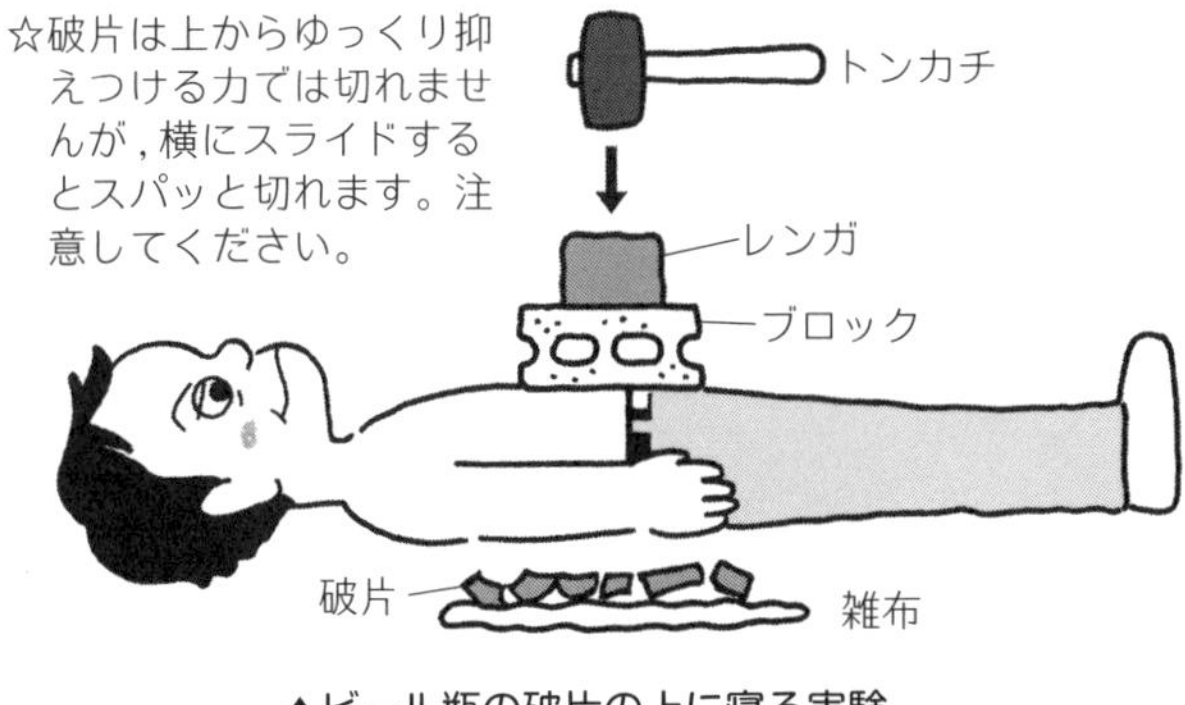

▲ビール瓶の破片の上に寝る実験

このような面白実験はサイトや文献などでいくらでも入手可能です。必ず事前に予備実験しておくことが大切です。そして、子どもたちへの安全対策をお忘れなく。

そうして授業開きで上手くいったら、今度は普段の授業でペースに乗せます。ポイントは一連の実験を1つのワークショップと見なすことです。次のような順番にします。

①教科書で実験の内容を確認。（一人読み↓ペア読みなどで最低3回は読みます。）
②班で実験の方法と準備物を確認。（まず1人を指名して次に全員で確認します。）
③理科室へ移動。（全員で移動させます。）
④実験準備。（教師は基本的に説明しません。準備ができた班は教師を読んで「Go！サイン」をもらいます。）
⑤実験&データ記録。（記録は1名に任せればいいです。）
⑥片づけ↓チェック。（後始末は綺麗に完璧に！）
⑦教室へ戻り、ノートを記入。提出。（班全員のノートをまとめて提出させることにします。）

このように「流れ」を明確にすると、余計な時間が不要になります。子どもたちも心地よく授業を進めていけるようになります。

子ども熱中！「外国語活動」授業のアイデア

高学年において外国語活動の授業を行う際の課題として「子どもたちが本気を出さずに白けてしまう」実態が多く報告されています。子どもたちを惹きつける外国語活動はどのようなものなのでしょうか？　私は近年次のような流れで授業を構成しています。

①挨拶リレー
②基本文型を使って3分間たくさんの友達と会話
③ＡＬＴとＨＲＴのフリートーク
④英単語トレーニング
⑤新しい文型トレーニング

⑥新しい文型を取り入れたアクティビティー
⑦フリートーク

①挨拶リレー

後ろの友達の名前を「Mr.～」「Miss.～」と呼びます。呼ばれた子は「Yes！」と答え、また後ろの子の名前を呼んでいきます。

②基本文型を使って3分間たくさんの友達と会話

それまで学習した基本文型を駆使して、1人の子と2～3個ずつの「疑問文→答え」という形の会話を行います。終わったら別の子を探し、これを3分間続けていきます。

③ALTとHRTのフリートーク

その日に学ぶ新しい文型を取り入れた英会話をALTと2人で行います。子どもたちはその会話から聞き取れたことをメモして発表します。

④英単語トレーニング

ＡＬＴがフラッシュカードを用いて新しい単語の発音を練習します。ＡＬＴ１回発音↓子どもたち全員１回発音というパターンや、ＡＬＴ６回発音↓子どもたち全員６回発音というパターンがあります。

⑤新しい文型トレーニング

その日に習う新しい文型を、ＡＬＴ↓子どもたちで練習します。パターンは、ＡＬＴが疑問文１回↓子どもたち全員が答え１回、子どもたち全員が疑問文１回↓ＡＬＴが答え１回というパターンなどがあります。

⑥新しい文型を取り入れたアクティビティー

文科省発刊の Hi, friends や市販のアクティビティー集などから、子どもたちが楽しめる活動を行います。

⑦フリートーク

その日に学習した新しい文型を用いて英会話を3分間友達と続けます。

概ね以上です。外国語活動においても、短いトレーニングをいくつも繋げていくことで子どもたちの集中力を持続させます。

しかし、より効果的なトレーニングにするために次の点に留意して指導します。

外国語活動の基本は「大きな声」と「表情」

授業の開始は杉渕氏の実践「挨拶リレー」にヒントを得た「名前リレー」の英語版で始まります。外国語の授業で大切なことは何と言っても「大きな声」です。コミュニケーションの素地を養うのです。英語で大きな声で相手の声を呼ぶのはコミュニケーションの最優先課題です。挨拶を一斉にさせると、小さな声でごまかす子が出てきます。杉渕氏の「挨拶リレー」という手法は「誰が手を抜いているかが瞬時にわかる」利点を持っています。そこで外国語活動の中に取り入れることにしたのです。

◆予め大切なことを確認する

外国語活動で大切なことはまずは大きな声と表情です。名前リレーの後、3分間子どもたちは簡単な文型を使って英語活動を続けるのですが、そのときに大切なことは次の点だと指導してきました。

- ・気持ちのよい大きな声。
- ・楽しそうな表情。
- ・次に会話する子を進んで見つける。ボーッと待っていてはいけない。
- ・友達を選り好みしない。会話の相手は男女偏らない。

特に最後の「友達を選り好みしない。会話の相手は男女偏らない」は高学年の学級においては学級の雰囲気をよくするために重要です。

◆男女の隔てなく活動できるようにする指導

男女の隔てなく誰とでもコミュニケーションが取れる子どもたちになって欲しいと願っ

ています。そこで、3分間の会話の後、男子には何人の女子と、女子には何人の男子と会話できたかALTが数を尋ねることにしています。How many ~? の文型に慣れる他に、男女分け隔てなく会話できる雰囲気をつくるために継続して行います。

◆子どもたちにさせる前に教師が模範を示せ！

子どもたちに「英語を楽しそうに話せ！」と指導するのです。まずは教師が垂範すべきでしょう。HRTとALTとで英会話を行い、聞いていた子どもたちが何でもいいから聞き取れた内容を発表するという活動もこの考えに基づいています。HRTが物怖じせずALTと楽しそうに会話することで子どもたちに「私たちにもできそう」という安心感を与える効果があるのです。

子ども熱中！「体育」授業のアイデア

体育は次のような流れで行います。

①準備
②オープニングゲーム
③テクニカルトレーニング
④ゲーム形式
⑤片づけ

①準備

その日の学習の準備は子どもたち総出で行います。これは片づけと同じく体育指導でとても大切な指導の場面となります。

②オープニングゲーム

増やし鬼、凍り鬼、色鬼などの各種鬼ごっこを短時間でいくつも行います。

③テクニカルトレーニング

その日のメイン課題に繋がるトレーニングを短時間で効率よく行います。例えばバスケットボールなら、ドリブル100回、フリーシュート30回などのようにです。

④ゲーム形式

メインになる課題を最後はゲーム形式で行います。

⑤片づけ

このシーンも準備と同様、体育の指導では大切になります。気づいて動いてくれた子をしっかり見ておき、後で全体の場でフィードバックします。

◆人間関係を構築する格好の時間

さて、子どもたちは基本的に身体を動かせる体育の時間が大好きです。しかし、ともすれば単に子どもたちに運動さえさせておけばいい、という考えになりがちです。別の言い方をすれば子どもたちの「鬱憤晴らし」の場ととらえ、とにかく運動をさせておけばＯＫという考え方です。しかしこれは大きな間違いです。それは体育の時間は子どもたちの人間関係がモロに現われる状況だからです。

例えば次のような局面があります。バスケットボールの時間。一人に一球のボールを取りに行かせます。すると多くの場合、元気でボス的な存在の子が我先にとボールを取りに行き、比較的立場の弱い子が後からボールを取りに行くという局面です。

この状況を看過してはなりません。子どもたちに「授業中は自分のことだけ考えていればいいのだ」ということを教えたことになるからです。その後のバスケットボールの学習中は勿論、片づけの際にも教室にある人間関係が支配するようになります。「群れ化」です。このような事象が蓄積されて、学級は確実に悪い方向へと進んでいくことになります。

また、次のような局面もあります。2人ペアをつくらせます。そのときに最後までペアになれずに残ってしまう子がいたとします。これは学級の人数が偶数で、確実にペアができるときも、奇数で1人が残ってしまうときも同様です。いくら鈍感な教師でもその残ってしまう子を気遣って「早くペアをつくりなさい」などと声掛けはするでしょう。（声掛けも何のリアクションもしないのなら、もはや指導者として失格です。）そうしてしぶ誰かが一緒になって座る。このような局面です。

このような状況で教師が真っ先に感ずるべきは差別の存在です。最後までペアができない子というのは、それまでにそのような排斥、侵害行為、つまり「いじめ」を受けてきた子です。その存在が明らかになったのです。それを看過して次の指導局面に移ると言うことはどういうことか？　それは「この学級では差別は許される」ということを教えたことになるのです。

◆どう指導するか？

バスケットボールのシーン。子どもたちがボールを取りに行き戻ってきたら次のように言います。「ボールを戻してきなさい。」ここで「何でだよ！」と文句を口にする子もいますが毅然と「早く戻してきなさい！」と言い放つ必要があります。教師のただならぬ覚悟を示すためです。さて、戻ってきたら子どもたちに問います。

「何故ボールを戻せと言ったかわかりますか？」ここで子どもたちから意見を出させます。出ないようでしたら教師の方から示せばよいのですが、まずは子どもたちを「試し」ます。子どもたちに良心が少しでもあるのなら「自分のことだけ考えていた」という答えが出るはずです。要するにボールを取りに行く様子が、自己中心的な行動だったことを押さえるのです。

そこで次のように話します。「体育というのは単に運動さえすればいいという時間ではありません。友達と力を合わせて運動能力を高めていく時間なのです。今ボールを取りに行ったときに、みなさんは友達のことを考えましたか？　自分のことだけを考えていましたね。それではみんなで体育の授業をしている意味がありません。もう一度取りに行きます。どんなことに気をつけるかわかりますよね？」といって再度取りに行かせます。すると今度は先に友達のボールを取ってあげる子が出てくるはずです。

戻ってきたらそのままスルーしてはいけません。子どもたちを集めて次のように言います。「今ボールを取りに行ったときに立派な行いをした子がいますね。誰かわかりますか？」そうすると「〇〇君が友達のボールを先に取ってあげてました」という「相互評価」が出されるはずです。「そうですね。これが友達を大切にする行為ですね。みなさん！　拍手してください！」と言って讃えます。

これは片づけのときも同様です。教室に帰って真っ先に子どもたちに話すべきは「片づけのときに活躍していた友達に気づきましたか？」ということです。

ある特定の子にペアができないシーン。これも子どもたちに問います。「今ペアをつくるときにとっても気になったことがあります。それは何かわかりますか？」ここでも子どもたちの方から考えを出させます。「自分たちさえペアがつくれていたらいいのだ。最後まで残っている子がいても構わないのだ」ということを教えてはならないのです。

「あなたたちは1年間かけてどのような学級にしたいのですか？」と聞いてみましょう。きっと「いじめのない明るいクラス」という言葉が出るはずです。「しかし、最後までペアの決まらない友達を見て見ぬふりをしたではないか？　いじめないクラスをつくりたいということと正反対のことだ。矛盾だ！」と問いつめます。そこで再度ペアをつくり直しさせます。

いずれにせよ、「道具を取りに行かせる」「ペアをつくる」この2つの局面を見れば、学級内にある人間関係が如実にわかるということを心して指導に当たるべきです。体育の学習では子どもたちの人間関係が如実に現われるのです。

【著者紹介】

土作　彰（つちさく　あきら）

1965年大阪府八尾市生まれ。

1990年より奈良県の小学校教員となる。初任者のときに学級が上手くいかず，打開策を求めて全国のセミナー行脚を始める。

10年目までとにかく授業ネタの収集に明け暮れるが，何かがたりないと気づく。

2001年に群馬の元小学校教師深澤久氏の学級を参観し衝撃を受ける。以来，教師に必要な「哲学」論を研究。

「子どもを伸ばしてこそ教師」とアツく情熱的な指導を続けてきている。

情熱―燃えるレッドの学級づくり
全力で子どもを伸ばす！クラス担任術

2016年8月初版第1刷刊 ©著　者　土　作　彰
発行者　藤　原　光　政
発行所　明治図書出版株式会社
http://www.meijitosho.co.jp
（企画）佐藤智恵（校正）川村千晶
〒114-0023　東京都北区滝野川7-46-1
振替00160-5-151318　電話03(5907)6703
ご注文窓口　電話03(5907)6668

＊検印省略　組版所　株式会社アイデスク

Printed in Japan　ISBN978-4-18-249814-5